手記・被爆者Yの生涯

安井晃一

郁朋社

目次

序にかえて

この手記を起稿するにあたって、苦慮したのは、目次の第四部以降については、内容的には何倍にもなる事項から、要点だけを抜き出したと言う格好になってしまい、これでは私の真意が伝わらないのではないかと言う不安と、集団や団体の中での私に関する記述で、そのまま直記することによって、現在存命の方も居ると言う実状から、その方の人格を傷つける事になりはしないか、と言う点にあった。その為、その恐れのある方の氏名や事項については、必要最小限に留めた。

したがって、こうした配慮から、見方によっては、私自身の「自慢話の物語」と受け取られかねない、と言う心配だった。願わくば、それは、私ひとりの思い過ごしである、と受け取ってくだされば幸甚である。

註記

私の生涯にとって、両親はいつも心の内外にいて、もの言わずとも互いに深い愛情で結ばれ、誰もがそうであると思うが、特に私の人生にとって不可欠の存在であったので、簡単に紹介する。

父母の生涯の半分は私の勝手きままさに左右されながらも、一度たりとも不満がましいことも言わずに一生を全うした。最初に性格だけでも簡単に述べておきたい。父は米作農家の次男で、耕地面積が少なくて独立できず、京都の酒屋の丁稚奉公となった。しかし、性に合わず商人を目指して函館の呉服問屋に奉公した。小学校だけしか出ていないが、努力家で漢字等は私よりはるかに多く知っていた。とても子煩悩で、少々の事で叱ることは無く、いつも母からは父親らしく、ちゃんと叱って、と言われていた。子供達にとって優しい父だった。事業に熱心で次々と新製品を開発する能力を持っていた。

母は小浜藩の家老の娘で厳しい躾けの中で育ち、曲がった事には反発していたが、近所付き合いでは丁重で、皆から信頼されていた。武家のしきたりで長男以外は養子養女にだされ、母も永平寺にゆかりのあるお寺の養女になった。以来結婚しても養子さきの苗字を守り入籍しなかった。父母兄弟の命日には父の門徒の寺ではなく、禅宗の寺へ出向き供養していた。

第一部

一、おいたち……少年期

一九二四年四月、函館市新川町で産声をあげた。

私の出生に関し、二つのエピソードがあった。母の話によれば、父が厄年だったので、昔からのしきたりに基づき、いったん捨て子して、お寺に拾ってもらったそうだ。もう一つ、十九日に生まれたのだが、父が行商で旅に出ていたので名づけや、出生手続きができず、結局三十日生まれで届けたそうである。前年の函館市の大火の影響もあって、商売もうまくいかず、心機一転と言う事で漬物の経験のある友人の薦めを受け、翌年小樽市に移り住んだ。

小樽では、母方の叔父が当時北海道内や樺太（サハリン）で消費される大半の米を扱っていた共成と言う米穀会社の重役をしていた関係で、奥沢町にある、もと精米所として使用していた長さが百メートルもある大きな建物の内部に部屋を作り、直径二メートルもある大樽等を並べて野菜などを仕込む、いわゆる漬物製造業を始めた。しかし、経験のない仕事であり、着業資金も少なく十年余りは貧乏暮らしが続いた。

七人兄弟の六番目、しかも男ひとりと言う事で、姉達の着古しも間に合わず、近所から貰った古着を継ぎ張りしたのが私の日常着である。こんな状態だからもちろん食事だって貧しく、雑魚と漬物が副食の中心で、雑炊と梅漬けだけの日も珍しくはなく、肉類を食べた記憶は殆どない。


たしか五歳の時だったと思うのだが、父は私を連れて、札幌の親戚を訪ねる事になり、朝早く駅に向った。住吉神社まではゆるい坂道で大通りの左側には朝市が開かれ、賑わいを見せていた。父は土産か何かの大きな荷を背負い、両手にも荷をぶら下げていた。異様な姿の父の後を朝市に気を取られながら、遅ればせに坂道を歩いていた。

その時、上から走り降りて来た自転車とすれ違った。なにがどうなったか知らない。突然、顔じゅうに猛烈な痛みが走り、大声で泣き叫んだ。ただはっきり覚えているのは、私の一張羅の服が真っ赤な血に染まっていることだった。

近くにいた人達の手助けで市立病院に担ぎ込まれた私は、右まぶたを深く切られていて（眼球まで傷つき）ただちに手術を受けた。治癒までには四、五十日はかかると診断されたが、我が家にとっては大事件で、入院治療費の工面の為、父は親戚じゅうを駆け回ったが退院までの費用のめどがたたず、結局医師の反対を押し切って二十日程で退院せざるを得なかった。治癒でないので当然かと思うが、間もなくまぶたの内側に薄い肉が垂れ下がって来た。医師は、直ちに入院して手術を、と言う。しかし、これ以上の入院費用のめどもなく途方にくれていたところ、近くの、ある宗教の布教師が神の助けでなおしましょうと言ってくれた。藁にもすがりたい気持だった母は信者になった。以来毎日その人はなにやら神への願い言葉を唱えながら私の右目を何回もさすってくれる。その手のなま温かさは今でも思い出される。どのくらいの日が経ったかは記憶にないが、不思議な事に垂れ下がっていた薄い肉は見えなくなり、なにはともあれ、我が家にとっての当面の大事は去った（ここまでの経過は後日、母が泣きながら話してくれた大要である）。しかし、母の信心は止めどもなく深さを増していった。

その翌年、私は奥沢小学校に入学した。学校は十数分くらいのところにあった。担任の先生は鎌倉と言う方で、厳しさもあるが、とても優しい女の先生だった。そのうえいっぺんに沢山の友達もでき、又誰一人として私の貧乏たらしい服装にもいやな顔もせず、快くつきあってくれる。私は学校が大好きだった。授業が終れば私には自由な大地が待っていた。家に帰ると鞄を放り投げ、大地に向って走り出す。春には、野苺があり、さくらんぼの木をさがしては木に登り、夏になると谷あいの小川でざり蟹を取り、水源地ダム下での遊び、秋には畑の大根を抜き取ってかじり、いがで指を傷つけながらの栗の実取り、こんな具合で時々無我夢中で遊びほうけて日の暮れるのも忘れ、母からこっぴどく小言を言われる。近所からは鼻ったれのきかん坊と呼ばれ有名だった。こんな調子だから全くと言っていいほど家では勉強しなかった。学校では先生の話には耳を傾けてはいた。ただ、正しいと思ったときには何と言われようが、納得出来るまでは引き下がらなかった。成績のほうは、そんな事もあってか、四年生までは、操行だけは乙だったが、不思議にもあとは全部甲だった。父母にとっては満足だったらしく、私には何も言わなかった。近所の人からは、勉強もしていないようだが、不思議な子供だと言われていたようだが、日頃何かにつけて近所の世話になっている母にとっては、密かな誇りと思っていたらしい。自分のことを自慢するようで、ちょっとこそばゆい気もするが、卒業生代表として、全員の卒業証書受領の任についた。

父は、私が長男であることや成績も良い事、自営の仕事が多少上向きの兆しも見えた為だろう、姉達が行きたくても行けなかった中学校に行かせてくれた。しかし、始めの二、三カ月は良かったが、月額四円五十銭の授業料は厳しかったと思う。月末には学校から督促されるようになった。自分で何とかしなければと考えて、新聞配達を始めた。官報も扱い、集金も含めると月額五円三十銭にもなる、道内新聞より高い朝日新聞にした。しかし、それだけ仕事は厳しかった。当時の大手の新聞は東京で印刷されて送られてくる為、翌日の夜七時に到着、それを駅まで取りに行き、自分の配達部数を持って出掛けるのである。読者は会社か、それに関係する人に限られ、読者数が少ない代りに配達範囲が広い。妙見川から東、有幌町までの会社街を経て若竹町の水産学校までである。たっぷり一時間以上掛かった。商店も閉まった後の町並みはひっそりと静まり返り、暗っぽい港町の通りを小走りで回った。特に、冬場の寒さや吹雪のときは、何度も辞めたいと思った。

中学校では厳しい軍国主義教育のまっ最中で、教師を含め、今で言う学校暴力は当たり前だった。しかし、こんな中でも立派な教師もいた。途中召集で教壇を去ったが、担任のU先生、私が喫煙者の仲間にいると言う事で調べられた。私は非を認めた。普通であれば、こづかれ殴られるのは当たり前だったが、先生は、静かに滔々と、自然に涙が出てくるような深い語りかけで再起を促してくれた。（この事は戦後教師生活をおくる事になった私にとって大きな影響を与えてくれた）

S先生は、人間にとって芸術を愛する事の大切さを、文学や音楽等について具体的に作者や作品を紹介しながら話してくれた。私にとって未知とも言える世界だった。非常に感激した。自宅まで押しかけ本を借りたり、レコードを聞かせてもらいに、しばしばお邪魔した。五年生になったとき、先生が主宰している「木星」と言う同人誌の仲間に入れていただき拙い詩を載せてもらったりした。又、I先生からは、厳しさと優しさの綾を、先生の実践から学ぶ事ができた。これらの先生方の人格から、私の人生にとって得難い人生観の土台を築いてもらったと、いまでも深く感謝している。

二、わたしの青春

父の事業もやっと軌道に乗り、私は大学への進学を許してもらった。父は、仕事の後継ぎの事を考え高商（商大）を望んでいたが、父の願いを無視して、将来小説家に、と言う志をたて、日本大学芸術学部専門部創作科に、強引に入学した。一九四二年のことである。

大学当時の筆者

履修科目では週八時間ある創作実習が楽しみだった。純文学研究と名作研究は、小樽出身の伊藤整氏、その他実習では、創作指導、文芸批評等があった。文学概論、日本・西洋文学史、同美術史、おおよそ芸術に関する科目が網羅されていた。今になって後悔しているのだが、英語と独語が三時間ずつあったが全て第一時間めだったので欠席することが多く、学習不足で、自分のものにできなかったことである。

この頃の食事情も配給制で悪くなりだし、一般的には昼食券が無いと食堂でも難しかった。私への仕送りは多くは無かった。本を買う金の捻出には、映画製作所のエキストラをしたり、昼飯を抜いて、それに充てていた。本は殆ど古本屋を当たった。神田、赤門（東大）、早大あたりをしょっちゅううろついた。欲しい本が見つかっても金が足りない。内金を払って十日ほど待ってもらうことも、しばしばあった。佐賀出身の池田君は大地主の息子で、金には不自由もなく、図々しくは思ったが誘われるまま、よく昼飯を御馳走になったり。雄司ケ谷の住まい（彼の親戚）で珍しい茶菓子を頂きながら、文学について語り合った。

今でも不思議に思うのだが、新宿駅東口前の奥まった小路の角に古めかしい喫茶店があり、音楽（古典）を専門に聴かせてくれた。聴きたい曲を頼むと順番に受け付けてくれる。コーヒー一杯の注文で自分の頼んだ曲が聴けるまでに数曲聞ける。静粛を保つ為、話は禁じられている。従って殆ど一人用の椅子。大きな店でないのに、これで成り立つのかと心配しながら、とにかく音楽愛好家にとっては宝の存在だった。発売されているレコードはたいがい置いていた。戦時中なのでいつ閉店させられてもおかしくない。店を出るときにはどうか無くならないようにと祈るような気持で駅に向ったものだ。

そう言えば、こんな事もあった。たしか春休みで帰省した帰りだった。青函連絡船の中で一斉所持品検査に出くわした。たまたま車中で読もうと、S先生から貰った岩波文庫本で、我が校の先輩である小林多喜二の『蟹工船』を持っていたことで親元・下宿の住所氏名も調べられた。もちろん没収された。それだけではなく、私が下宿に着いて間もなく二人の刑事がやってきて、本棚の蔵書はもちろん押し入れまで捜索された。「本はどこから手に入れたか」と、聞かれ、「神田の古本屋だ」と答えた。「何と言う店か？」「思い出せません」「何時買ったか」しつこい問いに腹が立ち「去年の秋」と答えた。不愉快だったこの事件はこれだけで済んだが、初めて治安維持法の不気味な存在を知った。

大学当時の筆者（右）

連日のように新聞やラジオでは、華々しい戦況が報道されていたが、内実は兵員不足の確保が理由で、ついに一九四三年九月、大学で学ぶ者に対して、措置されていた兵役徴集猶予の法律が廃止され（この時は理工系が除かれたが、直ぐ後に全学生が対象）、文化系だった私達学生で徴集猶予されていた者は、次々に学園を後にしなければならなかった。親友だった池田君は、別れの言葉もそこそこに佐賀に向った。言葉に表す事のできない悲哀と侘びしさを感じた。そして間もなく、北朝鮮のセイシンに実家のあった田中君は実家に帰る余裕もなく、本籍地の山口の部隊に直接行かなければならなかった。四～五日の余裕があった。あの新宿の喫茶店で毎日のように音楽を聞いた。いよいよ明日出発と言う最後の晩、父から貰ってあった電気ブランデーをかたむけながら、夜明けまで語り合った。度数の強い酒なのに全く酔いを感じなかった。再び会う事はないと言う互いの思いが、語りを止める事を許さなかった。幡ヶ谷の駅で、固く握りあった手のぬくもりを忘れる事はできない。腑抜けた気持が続き、殆ど学校には行けなかった。学校から家に無断欠席の通知があって、心配して父が上京し、以後中野区大和町の叔母の家に住むことになった。

翌年四月春休みの帰省中、兵役検査が待っていた。第三乙種合格の証書を貰った。平時なら兵役徴集のない予備役だが、召集されるだろうと覚悟はしていた。新学期が始まったが、殆ど授業は無く軍需工場への勤労奉仕だった。朝六時過ぎには、高円寺駅から超満員の電車に乗せられ、亀戸にあった三菱製鋼所への通勤である。ホームに着きドアが開くと自力なしに弾き出される。だだっ広い工場では、真っ赤な鉄の棒があたかも紐のように空を舞って飛び出してくる。私達の仕事は、一定の場所に収まって熱の冷めたのを、運ぶ作業である。工場の中には冷たい水の入った樽があちこちに在り、蓋の上には山ほどの塩が積まれてある。これは流れ出す汗による水分と塩分の補給の為である事がわかった。一日何回も水を飲み、塩をなめた。腰が痛くなるほど疲れた。これが期待していた三年生の授業の姿だった。学校へは火曜と木曜組に分かれて一日だけの登校で、工場への出席確認が目的で授業はなかった。懐かしさの増した教室に入って、何の事もないだべりが、慰めだった。

あれは、八月十日頃だったと思う。疲れ果てて家に帰ると、従姉が慌てながら「晃ちゃん来たわよ」と言って電報をさし出した。「クガツフツカ、ヒロシマシノブタイヘ、ニユタイレイジョウキタカエレ」と。瞬間、息が詰まった。覚悟はしていたが、こんなに早く来るとは予想していなかった。

翌日学校に出向き、電報を見せ、帰省の許可を、と話した。学務課では卒業は九月三十日に繰り上がった。「もう少しだが、多分卒業は出来るだろう」と言って、許可証をくれた。私はその足で上野駅へ急いだ。出札口で、電報と学校の許可証を差し出し、小樽までの急行券を頼んだ。出札係は、「日数的には十分あるので急行券は出せない、普通列車で行くように」と言われたが、「実家に帰り、そして広島まで行かなければならないので、そんなに余裕はない、何とかしてくれ」としきりに頼んだが、返事は同じだった。焦りで、むかむかしていた私は、「お前ではわからん、駅長に会わせろ」と言って事務室に入り、直接駅長に話した。駅長は「急行券は、既に一週間先まで発券済みなので我慢願いたい」と言う。私は「出札係の話とは違う、納得いかない」と食い下がったが、駅長は「自分の言うのが事実」と繰り返すのみ。私は、埒があかないと諦めて再び学校へ向った。校門の前で学友に会い、事の次第を話しながら愚痴をこぼした。「ああ、上野は駄目だよ、新宿の伊勢丹の交通公社に行ってみたらいい」と教えられた。

早速新宿へ向った。車中、興奮も納まり、冷静さを取り戻した。考えてみれば、何がなんでも明日の急行で帰らなければならないと言う訳もない。そう考えると気が楽になった。伊勢丹で電報を見せ、小樽までの急行券が欲しいと言うと、いとも簡単に「何日のです」。「何日のがあるんですか」と聞くと、「あなたの欲しい日でいいですよ」。学友の言った通りだった。拍子抜けした。この時、ふと、思ってもみなかった企みが浮かんだ。ちょっと待ってもらい早速学校に電話して、創作指導担当で作家の中村地平先生の所在を聞いた。運良く先生は学校に顔を出していた。訳を話し、二日間甲府にある先生の別荘（と言っても失礼ながら書斎として使う小さい一軒家である）の借用をお願いしたところ、「おお、いいよ」と願いがかなった。『企み』と言うのは以前、先生が「お前達必要があったら俺の別荘空いてる時なら使っていいぞ」、この事を思いだし、じっくり今までの自分の心の中を整理してみたいと言う事だった。三日後の急行券と乗車券を求めた。よけいだと思ったが、上野駅では、一週間後まで発券ずみと言って売ってくれなかった事を話すと、「内緒ですが緊急用のは必ず残す事に成っているので」と言う。駅長の顔が浮かび、むしょうに腹が立った。しかし、晴れ晴れした気持で家に着いた。

早速叔母達に訳を話し、米、味噌と取って置きの、缶詰二、三個くらいを貰って甲府へ発った。一度学友と行ったことがあったので、暗くなりかけていたが迷わずに行けた。隣に預けてある鍵を借り、ひっそりかんとした家に入った。最近先生か誰かが来たのだろう、塩辛や佃煮などが戸棚にあった。飯を炊いて塩辛だけで終らせた。

甲府での二日間は、あと幾ばくも無いであろう自分のこれまでの人生を振り返るには、打って付けだった。

木の上でさくらんぼをもぎ取り、胸からシャツの中に詰め込んでいたとき、突然「こらあ」と怒鳴られ、慌てて滑り下り、M君と走って逃げた。お陰で臍の上がべちゃべちゃに濡れ、二人で大笑いした事。

隣のソ連領事館から鍵を部屋に置いたまま施錠したので上の小窓を壊して取ってくれと頼まれ、梯子で登り、言われた通りに取ってきた。お礼に、見た事も、食べた事もない魚や果物の缶詰を沢山貰い、一家の盆・正月を一緒にしたようで、兄弟揃っての笑顔も鮮やかに蘇った。

又帰省の帰り立ち寄った榛名湖、秋も終りで人の気配もないようなひっそりした茶店で宿泊を頼んだが泊めていないと言う。せっかく榛名湖まで来たのにと思案にくれていたところ気の毒に思ったのか、あそこでいいならと指差してくれた湖畔の中腹にある茶室を見て、涙が出る程嬉しかった。湖面がよく見渡せ、湖面の色合いは予想外の美しさで、時間の経過につれて変化していく。交響曲の楽章のように……。無理を言って一週間程世話になり、「音楽と絵画の世界」と言う作品を仕上げた。あの時の歓喜。そして初めて私に対する父母の愛情の数々が走馬灯のように心の中を駆け巡った。

甲府の別荘にあと二週間もいたいと思った。あっと言う間に二日間が終った。伯母の家に帰り、蔵書の発送で日通に行ったが、不急物資で輸送は駄目で、仕方なく伯母の家に置くことにした。ささやかな送別を兼ねた夕餉は殊の外旨かった。伯母が密かに手に入れたのだろう餅米をすり鉢で搗いて作った餡ころ餅、言うに言われぬ味がした。

翌日小樽の実家へ向け二十四時間の旅。夜明けの津軽海峡は殊の外美しかった。

広島皆美町の船舶通信隊補充隊着は九月二日午後二時まで。この日から逆算して、途中叔母の家に寄る時間などを考え、出発の日時を決めた。父母ともども、どうしても広島まで送って行くと言う。私は、小樽で別れた方がいいと考えていたが、父母の心中に抗しかねた。二日程時間があった。母校の小学校や中学校へ行ったり、よく遊んだ山や川、魚を釣ったり、毛蟹を取ったりした港などへ自然に足が向いた。最後の夜、隣組での送別会があった。この為に特別配給として酒一升貰えたが、父は普段手に入らない洋酒などを用意していた。最後の一人が帰ったのは十二時近くだったと思う。私は最後まで付き合っていた。酒もそうとう飲んでいたが、少しも酔わなかった。翌朝、愛国婦人会の五、六名の人達が白の割烹着に日の丸の小旗を持って駅頭まで見送りしてくれ、軍歌を高らかに歌っていた。特別悲しみなど感じなかったが、自然に涙が出て駅前の街並みがかすんで見えなかった。

第二部

一、兵役

九月二日、予定通り部隊の裏門に着いた。応対した兵は、父母に少し待つようにと言って、私を別棟の兵舎に連れて行き、着ていた学生服を軍服に着替えさせ、再び裏門で待っている父母に「これで立派な軍人ですよ」と言って学生服を返した。風呂敷に包んだ学生服をしっかりと抱き締めながら、深く頭を下げ終った父母の目が少し潤んでいた。比治山橋の方に向って歩む後ろ姿に、これが最後の別れなんだ……。込み上げてくる感情を押さえるのに必死になって、むやみに手をふった。

講堂で三時間ほど、様々な話があった。私は立派な軍人になろうとは、少しも思っていなかった。そんな事で関心も薄く、直接関係のある数人の人以外、名前は殆ど覚えていない。第一中隊に所属したが、中隊長の名も中隊の内部構成の状況も覚えていない。記憶に残っているのは、兵舎の裏側に面した二階の内務班（寝起きする場所）の左側上段、窓側から四番目の藁布団が、私の寝床であったことくらいだ。班には六十人くらいいたと思うが、新入隊者の数も覚えていない。

入隊第一日目の夕食時、私にとっては思ってもみない屈辱的出来ごとが待っていた。物資不足の実態は経験済みだったが、主食は、見た事も食べた事もない赤茶けた米粒くらいの穀物だった。祝いの赤飯かと思ったがそうでもない。「頂きます」の声を合図に飯椀を口元に持ってきた途端、その匂いの異常さは、たちまち私のすきっ腹を吹き飛ばした。食べなければと思い二口三口はやっと飲み込んだが、どうしても続かない。やがて後片付けも終り、古着の軍服や支給された水筒や雑嚢の名前の付け替えを始めようとした時、突然呼ばれ下に降りた。呼ばれた者は五名ほどいた。私にはピンときた。夕食についての話だと思った。

広島入隊まで見送ってくれた父母の姿

ロイド眼鏡をかけた上等兵が整列している私達の前に立った。いきなり往復ビンタが飛んできた。ぐらっとしたが持ち堪えた。「貴様らいったい何様と思っとる。ふざけるな！」と言って又ビンタが飛ぶ。「ありがたい事に陛下から頂いている食事だぞ。食べない訳を言え」。誰も何も言わない。上等兵の顔色はいっそう赤みを増した。「安井！一歩前。訳を言え」。一歩前へ出た。そして、「済みません」まで言った途端、「済みませんでない。申し訳ありませんでした、だ」と怒鳴られる。「はい、申し訳ありませんでした」。突然怒鳴られたので、どぎまぎが先に来て、言おうと思っていた言葉が続かない。「それだけか」と怒鳴られ、思わず「はい」と答えてしまった。「この野郎ふざけるな」の声と同時に拳が左右の頬に来た。私は、もうなにも言う気がしなくなった。みんなも、ほぼ同じようにやられた。消灯ラッパが鳴り、全員整列して点呼が終った。頬が疼くなか、敷布をしいて藁布団の上に横になった。むしゃくしゃする気持と、裏門から遠ざかって行く父母の後ろ姿が入り交じって、なかなか眠れなかった。

起床のラッパで隊内の一日が始まる。暫くの間、慣れない私にとっては、起床から朝飯の間は、まるで戦争のようなものだった。ラッパと同時に毛布と敷布を決められた大きさにきちんとたたみ、自分の棚の上に揃える。走って屋外の兵舎の前に縦隊で並ぶ。並び方は早い者から順番になる。点呼が終ると、朝の使役が言い付けられる。後ろの者ほど内容も多く、便所やごみ捨て場の片付けが与えられる。たっぷり一時間はかかる。私はこの使役のほうが多かった。

一息つく暇も無く朝飯、本来なら腹ペコで待っていたところなのだが、昨夜と同様、味噌汁と菜っ葉の煮付けで終らせた。そっとあのロイド眼鏡の顔を見た。なにもなかった。

この日は、たしか隊内にある諸施設の見学や通信についての講義等だったと思う。昼飯の時も無事だった。

やがて夕食の時間が近づいてくる。腹はペコペコだが、不安で胸は一杯。今晩は何としても食べなければ、と言う思いと、反面、よし誠意をこめた話で暴力と、とことんまで対決してみるか、と言う思いが葛藤した。私は後者に決めて席に着いた。「頂きます」の声で、皆が食べ始めた。私は箸も取らず、じっとしたまま目を閉じながら、どのように話そうか、と考えていた。食事の時間は終った。後片付けが終ると、消灯までは自分の時間で、手紙をかいたり、勉強したり、所持品の整理等自由だった。なんとなく落ち着かず、舎外に出て酒保（日常雑貨の売店）に行って見たり、喫煙所で煙草を吸ったりしていた。

班内に戻って軍靴の清掃を始めた。靴底に無数に打ってある鉄の鋲と鋲の間の土を落すのは大変で、竹箸の先を上手く使って落とすのである。やっと終ったところでラッパの音。夜の点呼が終った途端「軍靴を持って整列」の声、皆一斉に並んだ。靴の点検が始まり、私の番になった。「何だお前の靴は、これで清掃したのか」の怒声。「他の者は良し」。「安井一歩前」。「靴底を舐めて、付いている土を完全に取れ」。私は臆せず、「それは、出来ません」と答えた。ロイドはなにも言わずに、足払いが来て横に倒れた。直ぐ起き上がると、「足を半歩開け」の声。

言われるままに半歩開いて全身に力をこめた。「この野郎図太い奴だ」と言いながら往復ビンタを続けざまに二、三発張られた。私は歯を食いしばって彼を睨み付けてやった。班内の新兵は固唾をのんで見ていた。「お前みたいな奴は半殺しにせんと分からんのだ」。今度はまず右に鉄拳がきた。続いて左、しっかり踏ん張っていたが、体は左右に揺れる。突然、後ろの方から「止めんか！　いい加減にせい！」。大きな怒鳴り声がした。殴りかけようとしたロイドの手が止まった。彼は、そのまま去った。声をかけてくれたのは、上段に上がる梯子の側に席を持つ、三十歳近いと思われる青年の一等兵だった。「ここへ来い」と言われたので行き、私は深く頭を下げた。「ああいう馬鹿もいるんだ。逆らわずに何とか食べるようにせい！」「さあ早く寝ろ」。私は知らず知らずのうちに涙が出ていた。不思議に飯も食べられるようになった。

これ以来、一等兵殿（階級が下でも古い兵を『古年兵殿』と呼んでいた）とは親しく相談できる仲となった。後で聞いたが、このように上官にまで指図する度胸のある古年兵は、多くはいないそうだ。ところで、あのロイド眼鏡の上等兵からは完全に目をつけられた。靴の清掃が悪い、毛布の整頓が悪い等わざと文句をつけ、事あるごとにビンタを取られた。

俺なんかに出来るのかなと言う不安で一杯だった通信技術も、練習のお陰で、三カ月もすると手旗信号は駄目だったが、送受信とも成績は優秀の方だった。

広島での冬の経験は一年だったが、とても寒かった。新兵の我々にとって大変だった。洗濯後の手足の水気を確り取らなければならないのだが、時間に追われ不充分だったのが祟り、右足中指と甲が凍傷になり皮膚が溶けて化膿した為手術を受けた。演習は治癒まで免除（練兵休）された。月日は記憶にないが、練兵休の夜七時ころ中隊事務室から呼びだされた。

何ごとかと思いながら出向いた。事務係の曹長が待っていた。いきなり「お前の父は病気だったのか」と聞かれ、「いいえ元気で働いています」と答えた。「実は、今先、父危篤の電報が来た。直ぐ帰宅しなさい」。私は、物凄い心の動揺を感じた。が、「はいそうさせて頂きます」とは言えない。なにしろ練兵休の身である。「自分は、このような状態で目下練兵休であります。従って帰りません」と私の意志を告げた。曹長は、静かながら威厳のある言いかたで、諭すように「馬鹿者、戦地であれば止むを得ないが、国内にいて親が危篤と言うのに、会わないと言うのは親不幸もいいとこだ。命令だ、すぐ帰れ」。私は、どぎまぎして返事できなかった。曹長は、「ここに待っていろ」と言って部屋を出て行った。私は、帰れと言われたってこの足での長旅には全く自信がない。暫くして、右足だけ一番大きな文数の靴を用意してくれ、「これを履いてみろ」と言って自ら履き替えまでしてくれた。少々きつめだったが歩けた。「これは食料だ」と言って握り飯らしい包みと、外套と松葉杖までも用意してくれた。「班長には話して来たが、申告して行け」。私は、厚く礼を述べ、班長に申告し、古年兵殿に訳を話して玄関に向った。

全く気づかなかったが、珍しく雪が降り地面を白くしていた。日本海回りのほうが距離的には近いのだが、時刻表を見ると大阪で乗換えの列車にはだいぶ待たなければならず、東京回りにした。列車は、超満員で立ちっぱなしだった。翌日横浜まで来た時、東京地方が空襲されているので降ろされ、駅舎に避難させられた。敵機が去るまで待たされた。こんな事もあって、小樽まで五十時間以上もかかった。

父は、脳溢血で倒れていたが、意識はしっかりしていた。嬉しそうな顔でなにか言ったが、言葉として聞き取れなかった。私は、しっかりと手を握り締めていた。今のところ命には別状無いとの事で安心した。恥ずかしい話だが、翌朝目覚めてびっくりした。布団が私の寝小便でびっしょりだった。たぶん安心感と疲れの為だと思う。右足は、無理をしたせいか、ふくらはぎの部分まで腫れがきていた。病院ですっかり手当をしてもらい、あとは終日母と一緒に父の枕元で、広島は意外に寒く足の怪我もその為である事や、親切な曹長のお蔭で帰れたことなど話しながら父の様態を見守って過ごした。父は弱気になったのか、目にうっすら涙を浮かべながら聞いていた。休暇は一週間だった。帰隊時刻に間に合わなければ罰則は必定。翌朝帰途に着いた。東京経由で伯母の家に寄りたかったが、万一のことを考え近道の日本海回りの列車にした。広島の雪は消えていたが風は冷たかった。

五月頃だったと思うが、座がね（幹部候補生バッジ）付きながら階級は伍長になった。この時期に作戦命令が出て無線機一式と部下十名を与えられ、朝鮮半島の日本海側全域に班長として出動することになった。出動者の一覧表が廊下に張り出された。しかし、私の名はどこにもない。通信の成績だって悪くない。腑に落ちないので士官室にいった。一覧表に出ていない訳を尋ねたが、「解っておる」と言うだけで、相手にされなかった。二日後全班が出発する日の朝、「本部教育事務室勤務を命ずる」との辞令を受けた。どんな勤務かは知らなかったが、兵舎が変わり、以後あのロイドとも会わずに済むと思うと、わくわくして踊りたい気持だった。本部での勤務は、初年兵の教育で、主な内容は軍人としての士気が落ちて脱走する兵隊が出たこと等から士気の鼓舞を目指し、ポスターや紙芝居等の考案と、作成で、それらを各中隊の兵舎内に展示し、啓蒙するのが目的だった。

なるほど、十名の内、美術学校関係四、文系三と言う人選に成っている訳もわかった。私らの上官は、部隊副官の山本少佐の直属であった。本部指揮班（勤務者）だけの兵舎はゆったりしていて、私の場所は兵舎二階の部屋の上段窓側の一番いい場所で、伍長になった私には、使役は全く無かった。極めてのんきな生活に変わって、かえって拍子ぬけがした。

二、被爆

広島は、これまでに敵機による爆撃は一度も無かった。たまに敵機が上空に来ても、宣伝ビラを撒き散らすくらいで、それをめがけてどこかにある高射砲が発射され、たまたま撃ち落とす事もあった。広島から三十キロメートルほど離れた呉の軍港は時々爆撃にあっていた。原爆投下のあった前日の五日、軍港は、夜間長時間にかけて猛爆撃があった。もちろん広島も空襲警報下にあった。部隊全員空爆に備えての体制で、待機していた。部隊から見て南西の呉の空は火災で茜色に輝くように見えた。幸いにも広島への爆撃は無く、夜明け近くに空襲警報は解除され、夜間勤務の為翌日六日の午前中は、就寝許可になった。

六日の朝は良く晴れて、いい天気だった。夏期の間、隊内だけ防暑衣袴と言って、勤務者以外は、上着は半袖解禁、下は半ズボンが許されていた。朝飯を終え、さあ！　寝ようかと思ったとき警戒警報が発令された。次は空襲警報である。すぐ、起きなければならない。「今寝たってしょうがないよ！　将棋でもやろう」と言うことになって、京都出身の高部伍長と将棋を始めた。へぼ同士で勝負は十分くらいでついた。二盤目が始まった。途中、突然警戒警報が解除になった。「これはもうかった。寝るぞ」と言って将棋を仕舞い、上着を脱ぎ上半身裸のまま藁布団の上にどさりと寝転がった。徹夜の疲れもあって、すぐ寝付いた。

突然、雷が落ちたような音に、がばっと跳ね起きた。辺り一面土埃で殆どなにも見えない。「高部！」と叫んで叩き起こし、すかさず床に飛び降りた。手探りで階段まで来た。階段は既にへし曲がっていた。蟹のように、横に這って戸口に出た。辺りを見た。どうした事か衣服や靴、棚にあった毛布などが飛び散っている。兵舎の屋根や板壁は吹き飛んで無い。混乱した頭だったがそれを見てはっと気づいた。俺は裸だ。その上半身は土埃や何かで真っ黒。右腕からどす黒い血が三筋、流れ落ちている。腰に挟んでいた手拭いできつく縛り付け、誰のものか知らぬが、散らばっている衣服を着け、靴を履いていると兵舎は大音響と共に潰れ、もうもうと立ち込める粉塵だ。高部は？　心をよぎったが、そのまま本部に駆けつけた。本部の屋舎は、屋根は無く壁はぼろぼろで左に大きく傾き、今にも潰れそうだった。

爆弾はいったいどこに落ちたのか、と、やっと落ち着きを取り戻し、周囲を見渡した。一中隊、二中隊、五中隊、私のいた指揮班は潰れ、三と四中隊は本部のように倒れかかっている。好天気だった空は鉛色の入道雲がもくもくと幾重にも重なり、家が潰れて見渡しの良くなった繁華街の彼方はあちこちと無数に火の手が上がっている。各隊で点呼を取っている。教育事務室では、高部と月下がいない。突然、「三中隊は直ちに機械工場の消火にあたれ」の伝令が叫びながら走った。私達は、高部と月下の捜索に向った。倒れた梁や柱や板切れをやっと取り

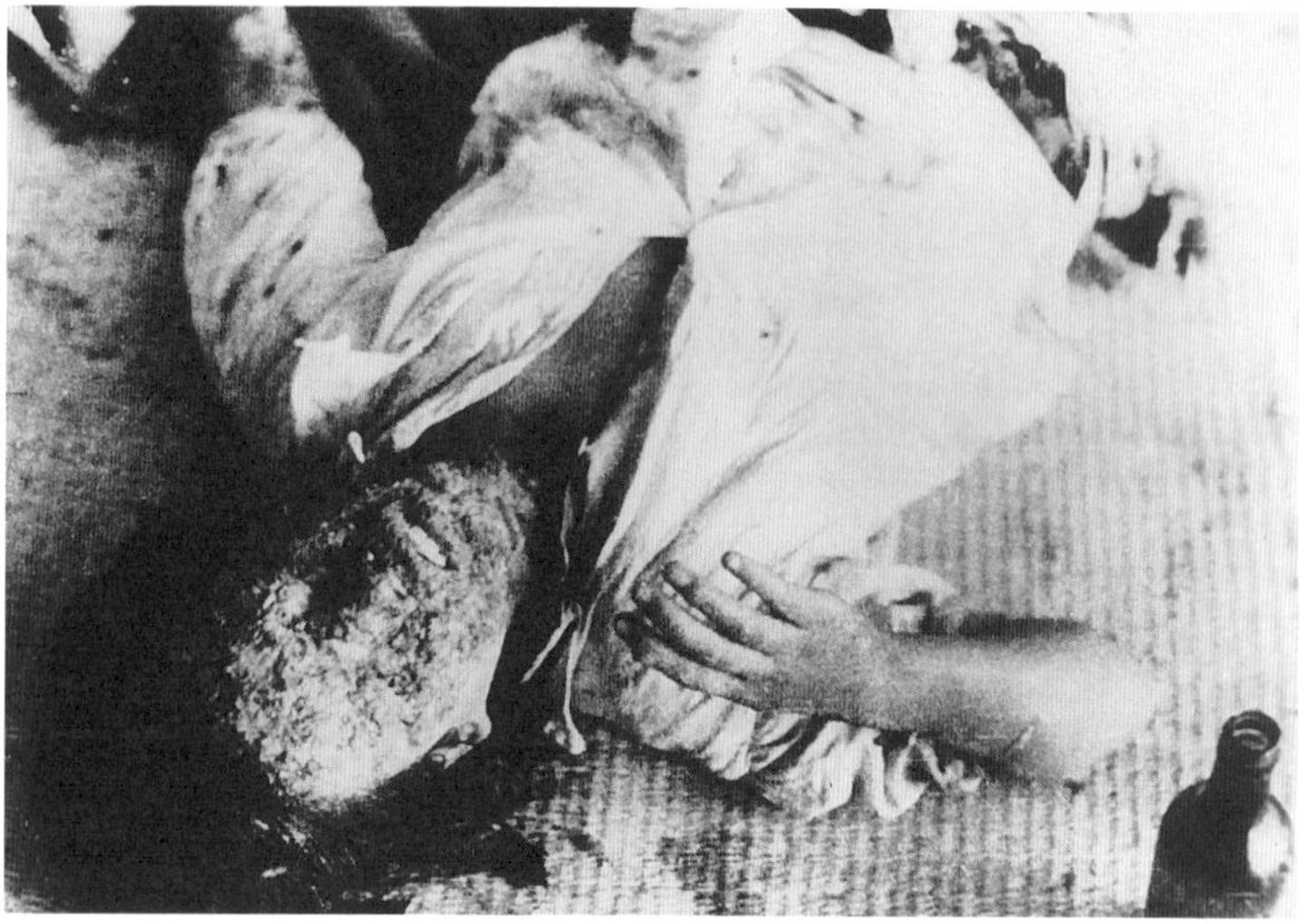

熱線で焼かれ、顔の形を失った女学生
8月10日　日赤病院　宮武甫　写

除いて、瀕死の状態の二人を助け出し、医務所へ運んだ。医務所はごった返しだった。六日は月曜日で衛兵（部隊全体の警備・出入者の管理を二十四時間体制で一週間勤務する兵隊）の交替で、午前八時上・下番が営庭で、相向き合って引き継ぎをしていた最中にやられたのだ。彼等のほか、兵舎外に出ていた者、倒壊家屋の下敷きで救出された者や、既に死没者などで医務所の内外は目に余る状態だった。怪我人はさる事ながら、衛兵や兵舎外にいた者等は皆一様に顔・手などの露出部分は真っ白、しかも倍くらいに膨れ上がっていた。後頭部は帽子に覆われていた髪の毛は残り、帽子を脱ぐと、ちょうどお椀を被っているみたいだった。彼等は異口同音「太陽が降ってきたかと思われるような猛烈な閃光が走ったと同時に、顔や手に鞭で叩かれたような激痛が襲い、十メートルくらいも吹っ飛ばされた」と話していた。部隊長は出勤途中で大怪我をしていた。焼けてぼろぼろになった軍服で顔にも怪我をしている部隊副官の山本少佐が全ての指揮を執っていた。使用できる兵舎は一つも無く、少佐は、比治山の中腹にある防空壕を本部とし、全ての報告、情報は、新本部に集中するよう命令を発した。私達教育事務室勤務者は少佐と共に新本部へ移動した。飲料水を用意せよの命で、あちこちと入れ物を探し、やっとまともな形の十八リットル缶二個を見つけ、捩じれ曲がった水道管から出っ放しの水を入れ、交代しながら担いで本部まで運んだ。本部のある位置からは市内は良く見えた。何と市内一面は火の海ではないか。よく見ると火を潜り抜けた無数の市民達が、異様な姿で、火災を免れた比治山めがけてウンカの群れが襲うように近づいて来る。だんだん近くになって、初めてあの異様さが解った。両手を前に突き出し、殆どが裸足。よく見ると、衣服はぼろぼろで着ていると言う状態ではない。髪の毛は焼きちぎれ、両手からは皮膚や肉片までも垂れ下がっている。手を前に出さなければ、擦れる痛みに耐えられないのだ。次から次へと這うようにしながら木陰や草むらに、倒れるように、やっと腰を下ろす。避難民の殆どは、子供と女性そして年寄りだった。本部から避難民への救助活動の命令が出された。私達は医務所へ走った。僅かの赤チンと火傷用の鉛化軟膏、ガーゼと脱脂綿も一握り、油を探しに兵器庫と被服庫にも寄り、保革油とスピンドル油を携え、急いで引き返した。本部には各中隊から数名ずつの兵員も動員されていた。比治山の縁の肌は立錐の余地もないほど避難者で埋まっていた。火傷の肌は、汗と血と土埃にまみれ、それが乾きだしてひび割れのようになっている。消毒も出来ずに油を塗り出した。火傷の面積が広くて、鉛化軟膏はただちになくなり、保革油は固体なので使うに忍びず、スピンドル油を使った。これにも限りがあり、わずかの人達にしか間に合わなかった。ぴりぴりする痛みに耐えかねる「うなり」、水……水……と、か細い子供の声が切なく、こっそり本部の手拭いにたっぷり浸し口に当てた。何回か吸ったか、突然私の顔を見て「兵隊さん、仇取ってね」と言うと、ことっと首を落し息を引き取った。やるせない気持を静めようとむきになって避難民の間を回り、体位を替えたり、要望されることへの実現に努力していた。

ふと誰かが叫んでいるような気がして辺りを見渡しながら四、五メートルほど右に歩いた。するとその先の大きな木の陰に倒れそうな格好の女性の姿が目に入った。急ぎ足でそばに寄ろうとした私は、朝の爆撃の時のような激しい衝撃で、危うく倒れるところだった。

右側の髪の毛は焼けて殆ど無く、わずかに残された左側の毛はばらばらになって胸のあたりまで垂れ下がり、焼け爛れた右手をやっと動かし、ぼろぼろになった着衣を引き裂き、荒々しい息づかいで、今、股間から生まれ出たわが子を、危なかしい手つきで必死になって包みこもうとしているのだ。呆然となりながらも、何とかせねば？　どうすればいいんだ……。何もせず傍観者として突っ立っている自分の無力さに、無性に腹が立ち自分の頭を殴りつけた……。

様々な思いが走馬灯のように頭の中を駆け巡った。「赤ん坊が生まれるときは、近所の奥さん方がお湯を沸かし、水や盥、タオルや手ぬぐい、小さい布団の上に産着を、神棚に名前を書く為の半紙を下げて、すっかり用意してくれて、産声を聞くと自分の子のように、喜んでくれるんだよ」と、こんな話を母から聞いたように思う。力つきた母親は崩れるように倒れて動かなかった。誰からの助けも、誰からの祝福も受けずに、命名もされずに……。激しい怒りが込み上げた。戦争に批判的だった私だが、心の底から戦争は許せなかった。絶対に許すことは出来ないと心に誓った。

動けない負傷兵は、担架がわりの俄か作りの戸板の上に毛布と共に寝かされ、防空壕の近くに置かれていた。看護も出来ないままに、やがて夜を迎えた。初めて非常食のカンパンが配られた。空腹だったが食欲はない。市街地の火は依然として燃え、夕焼けのように空に反映して、辺りの物も識別できた。近くの市民達に私のカンパンを配って歩いたが、誰も受け取る者はいなかった。突然飛行機の爆音が聞こえた。私は無意識のうちに防空壕目指して走った。途中何人かの戸板の上の兵から「俺もいれてくれえ」と言う声を聞いたが、私は止まらずに壕の一番奥まで走った。後ろめたい気はしたが、恐怖感がまさって、じっとしたままだった。暫くして、恐る恐る入り口まで来た。爆撃もなく、偵察機だった。「卑怯者、偉そうな事を言っても、お前は結局卑怯者なんだ」。心の中で自分をなじり、そう言った。この事は後々まで自分を苦しめた。

夜半を過ぎた頃だが、市街地の空はまだ茜色だった。「卑怯者」が頭にこびりつき、私は眠れなかった。足元に気を配りながら、避難してきた市民の群れの中に足を運んだ。上半身火傷の子供達には「うなり」もなく、既に亡くなっていた。死臭らしい臭いが漂っていた。しかし、今まで気付かなかったが、夜気の静寂で、様々の「うなり」のバリエーションは、不謹慎かもしれないが、モーツァルトのレクイエムを耳にしているように思えた。私は暫く佇んでいた。とても美しかった。ここまで足を運んで良かったと思った。

翌日から市民の遺体を山裾の平地に移し、胸の名札を引き千切り、壊れた兵舎の材を重ね合わせ、三メートル近くに積み上げ、油を掛け火を付けた。こんな塚柱は七~八カ所くらいもあり、白骨化する前には、次の塚を作ると言う同じ事を繰り返していた。これらの作業は、異臭と煙の中で行われ、悲しみも湧かず機械的動作の流れ作業で、感情の無い人間喪失と言える状態だった。

午後四時頃副官の命で、宇品の臨時野戦病院へ、負傷した高部、月下外二名の容態調査に向った。軍医から、治療はいずれも順調で生命に危険なし、の回答を得た。ついでに私の腕の

炎の海をのがれ辿り着いた被爆者達
8月6日　御幸橋ふもと　松重美人　写

治療をお願いし、脱衣したところ「何だこの体は、きれいに洗ってこい」と怒鳴られた。爆撃後一度も顔や体を洗ってなかった。洗面所で頭から水をかぶり手拭いで二〜三回こすり、やっときれいにして診察を受け、右腕に刺さっていたガラス片を除去し止血処理をして貰った。右大腿部の七センチ程の楕円形の皮下出血では痛みが無いのを不審に思ったようだが、歩行に支障無ければと言ってヨードチンキの塗布で終った。その後四名を見舞い、遅くなったので野外収容所の空席で横になったが、昨日以来の地獄の様な惨状が頭の中を駆け巡り、なかなか寝付けなかった。

翌朝、よく見ると隣の兵は死亡していた。帰隊し報告。ほっとした途端用務命令が待っていた。再度の攻撃に対し、いざと言う時の待避場所として主に市の北西方面への道路、橋の状況調査と、広島城内大本営の残された物品（多分無いと思うが）を焼け跡から探し出すことだった。早速黒田、三宅、島田の三名を従え出発、広島県出身の黒田上等兵に道案内を頼んだ。市電に沿って南下し御幸橋を渡り明治、住吉、観音、西大、己斐橋を経由し、己斐橋に到着。駅は損壊していたが線路は無事、己斐以南は損傷なく通行は可。途中での橋や路上で、互いに探し合いしていて偶然見つかり、焼け焦げた衣服で泣きながら抱き合って喜びあう姿を幾つも見た。その喜びの深さに、私も知らず知らずに涙ぐんだ。己斐駅で昼食し、次に電鉄に沿い土橋へ来たが、焼け野原の光景に惨劇の凄さを思い知らされた。広島城へ行くには相生橋を渡るのが近道。相生橋が駄目なら横川経由にしようと決め、相生橋に向った。橋の欄干は全部吹っ飛び、歩道も各所でめくれ上がり、かなり損壊していたが気配りして渡り終えた。城は石垣のみで見事に焼け、残されているものは皆無だった。やむなく帰途についた。午後三時すぎ東口の堀を渡り、焼け野原の八丁堀を通り比治山橋に向った。途中あちこちでまだ燃え尽きない死体から立ちのぼる青い煙。死臭の漂う中、後ろ髪を引かれる思いで、帰隊し報告を終えた。かなり疲れた。

一週間くらいは、壊れた兵舎の取り片付け等だった。敗戦の放送は営庭に座って聞いたが、殆ど聞き取れなかったが、戦争が終結した事だけは解った。頭が火と氷の間を行き来しているように複雑で、定まらなかった。泣いている兵も沢山いた。誰も動かなかった。やがてそれぞれの隊の野宿の場所が示され、私達は、衛兵所の裏側の芝のある良い場所だった。かまどを作り、自炊の用意もした。柱を立て、幕布をつないで雨にも備えた。食事は握り飯やカンパン、それに漬物、たまには小魚の佃煮くらいだった。カンパンの空き缶で湯を沸かして茶湯も取れた。毎日の仕事は殆ど市内での遺体の処理と清掃だったが、本部勤務者は崩れかかった本部庁舎に残された書類の整理・保管が主だった。

夜になると、戦争は終ったが、我々はどうなるのか新たな不安で、話題はこの事や、あの爆弾は一体どんなものなのか等、あれこれの推測で賑わった。ただ、誰の心の中にも、あの地獄はもう起こらない、と言う安堵感を感じ取れた。誰だったか忘れたが、なんでも草津の方のビール工場で、慰霊祭に使うビールを分けてくれるそうだ。買いに行かないかと言う事になった。入れ物が必要とのことで、斗瓶（十八リットル入れの陶製の瓶）二個と荷車をやっと見つけ出した。それから毎日買い出しが始まった。長い道程を車で揺られて運ぶビールなので少々気が抜けはしたが、皆が金を出すので夕食時になると、階級も遠慮もなかった。夜はそれぞれの故郷の話や、方言が出て、大爆笑のなかで過ごした。敗戦は本当に皆を自由にしてくれた。

第三部

一、待ち望んでいた帰郷

八月の下旬頃、帰郷の話が聞こえてきた。みんな色めき立った。第一陣は東北地方の兵だった。父の事も心配だし、早く帰りたかった。悪いとは思ったが、少佐の当番兵だった私と同郷のM上等兵と話して、第一陣に加えてもらうよう頼んだ。

八月三十一日貨物車ワムで広島を後にした。青森まで四日近くかかり、九月五日の夜中、小樽築港駅に着いた。父の病後、住居を変えていたので、夜中、見知らずの家人を起こす事も思いやられ、東の空の明るむまで駅の待合室で過ごした。それでも探すのには苦労した。住所のあたりをぐるぐる回っているうち、折よく家から出てきた人に尋ねた。名前は知らぬが、引越してきた家なら右の小路を入り左に曲がった所にあると教えてくれた。そのとおり行くと一軒家があった。

まだ薄暗いなかで戸を叩いた。やがてカーテンが開かれ、一年ぶりの姉の顔が見えた。じっと私を見つめていたが、戸を開けずに中に走り込んだ。不思議に思いながら、もう一度戸を叩いた。やがて、母と姉夫婦が姿を見せ、恐る恐る戸を開けてくれた。「晃一か？」母の声に、「随分探した」と答えた。じっと私を見つめる母の姿は、胸を撫で下ろしたように感じられた。熱い茶を飲みながら父も交えて、喜びと笑いが続いた。敗戦の翌日、無事のハガキを出したが家に届いていなかったのだ。広島全滅と言う事で、私は死んだものとされていた。薄暗い玄関先に立って、戸を叩く私を、てっきり幽霊と思ったそうで、いやはや、何とも言えない私の帰郷騒動だった。父の体は、リハビリにかなり力を入れたそうだが、まだまだしこりはあるものの、言葉も足も回復に向っているとの事だった。父の病気以来、ちょうど強制疎開の為、商売ができなくなった義兄が家業を手伝い、かなりあった在庫品の販売は殆ど終っていた。

　しかし、生活は極めて厳しかった。物資はすべて配給制度が続けられ、特に食料品は、ひどかった。主食の米は一人一日分が一合（百八十ミリリットル）、これは普通の碗飯で三杯くらいで、三食を賄うにはあまりにも少なかった。しかも、必ず米が配給されるとは限らず、代わりに大豆、麦、とうもろこし等様々の物が配られた。今のように副食品は豊富ではなく、買える物と言えば、せいぜい魚類くらいを行列してわずか手にする、と言うありさまで結局、腹を満たす為、闇の穀物や小麦粉、澱粉、カボチャ、じゃがいもなどを買い出しで手にいれるより外、仕方がなかった。

父としては、稼業を継いでほしいと言う気はあったようだが、私には、父の手解きを受けながら稼業を継ごうと言う気持はなかった。父としても先行きの見通しも立たない中、言い出し得なかったのだろう。私の心はやはり、文学に対する憧れを捨て切れないでいた。

胸のあちこちにポッカリ穴があいているようで、精神的に不安定な状態が続いた。夜になると胸の穴から様々な声が聞こえてくる。東京での最後の夜、朝方まで話し合ったT君の「僕らが学んだことが、そして僕らの希望が、やってくる事を祈るしかない」と言った、か細い声が何かを私に問いかけてくる。今の私には答える術もない。「おい、もう一度話そう」。そんな思いが胸を締め付ける。又、ある日には、比治山で、赤むくれの瀕死の少年が「兵隊さん水……、きっと仇取って……」と虫のような声で言いながら息を引き取った姿も私を痛めつける。まともに、何も考えられない無気力な日が続いた。経済的不安もあり、どうにかしなければ、と思うのだが、きっかけすら掴めないでいた。

そんなある日、東京で知り合い、本を交換したり、一緒に音楽を聴いたり語ったりしていた東大仏文科にいたM君から思いがけない便りがきた。良く住所が解ったものだと思いながら封を切った。「お互いに生きて帰れた。最高」「又会いたい。ところでM新聞社に入れる見込みあり、すぐ来ないか」。思いもよらぬ内容だった。私は小踊りして飛び上がった。急に生活意欲が心に漲った。あれこれと人生への夢が膨らんだ。しかし、私の上京の意志をどのように両親に話そうか、はたと困り果てた。今私にとって自宅を離れるには、極めて条件が悪すぎた。父の病気はまだ癒えていなかった。妹にしても小学校の教員として勤めたばかり。両親にとっては、思いも寄らず生きて帰ってきた私を、自分達の長くはないであろうこれからの日々にとって、最大の生きがいとしているような言動を見るにつけ、私は両親の期待と私の夢の実現と言う狭間で、悶々として悩んだ。Mは返事を待ってるだろう。「こんな事ならいっそ広島で死んでた方が……」。考えてはいけない事までこみ上げてくる。結局、両親の思いを捨て去る事はできなかった。私は断腸の思いで返事を書いた。

二、敗戦後の人生出発

大きな悩みの網をくぐりぬけ、人生観もかわった。

親友の岩田君の手づるで、札幌の鉄工所に勤めることになった。子会社の鋳物工場で、大福帳式経理を複式簿記にする経理の仕事が、初めてのサラリーマンとしての出発だった。安物の背広姿で、満員列車での通勤。一日一日は大変だったが一応心の安らぎを得た。一年程で経理方式を直したところで、本社の営業部へ移された。この年十一月、新たな悩みの末、遮二無二己の心を説き伏せ、結婚に踏み切った。

本社の得意先は殆どが炭鉱で、これには大変苦労した。なにせ機械関係の知識はゼロ、恥ずかしい事だがボルト・ナットも知らない。おまけに、仕事は新規の得意先の開拓だった。しかし中学の同級生のお蔭で、早朝駅に並ばなくても切符はいつでも入手ができ、一週に二回は目をつけた鉱業所へ通った。「切符の入手困難な中でよく熱心に来るなあ！　負けたよ」と言う事でひと月ほどかかったが、やっと注文を貰った。坑内電車の車軸八十本だった。災い転じて福となる、と言う諺を実感した事なので忘れられない。一カ月の納期どおり納めた。程なくして、鉱業所から「すぐ来い」と電報が来た。又発注か！　と喜び勇んで出掛けた。着くなり頭からどやしつけられた。実は、製品の寸法が図面の見間違いで短かったのだ。

発注係も、工務部から「新規には発注するなと言っただろう」と叱られていた。私は必死になって「一週間で造り直して納入します。待ってください」と拝み込んだ。「一カ月かかるものが……できる訳ないだろう」と言われたが、私は直ぐに引き返し、工場長にことの顛末を話すと造り直しは当然だが、一週間はとうてい無理と言う。

私は、この炭鉱は新坑が始まるので、これからの発注は絶対期待できる。総残業をかけても何とかしてほしい、と食い下がり、やっと承知させた。納入には、トラックを探して約束通り間に合わせ、私も同乗して乗り込んだ。工務部からは「お前のところはなかなかやる気のあるところらしい。近く工場を見に行く。ご苦労さん」と言って褒められた。私の予測が的中し、その後会社にとって総受注の三分の二を占める主力の得意先になった。

しかし、戦時中の保安無視の増産のつけが、あちこちの炭鉱の大事故を招き、次々と閉山に追い込まれ、当然、炭鉱相手の会社の経営にも影響をきたし、首切り縮小の波を避けることはできなかった。幹部の中には、先を見通して別会社に滑り込む者も見られ、不愉快な感じを持った。そんな事もあって、かつて同人雑誌仲間の先輩から印刷の会社を始めたのでぜひ手伝ってほしいと頼まれて、六年勤めた鉄工所を辞めた。印刷会社で私の受注してくる仕事は、炭鉱からのもので、大きなサイズが多く、A３判クラスの小型の印刷機しかない会社では刷ることができなかった。しかし、新たな得意先の開拓も困難。なんとなく住み心地が悪く、身を引いた。

あれこれと仕事を変えたが、大同小異と言う事で、考えた末、職として安定している教員にでもなろうと決心し、十勝の教育局にいた親戚に頼んでみたところ、美術（図工）なら明日にでも来て欲しいと言う事になり、父母とも相談して、一家揃って小樽を離れ、十勝行きを決めた。急に決まった赴任先は、帯広市の隣にある幕別町の市街地の中学校だった。長い間、小樽に住み慣れた父母には気の毒だった。特に、母にとっては娘達が小樽に住んでいるので、何かと心細かったに違いない。一九五四年六月の霧の深いさなかだった。

第四部

一、二十六年間の教員生活

教員免許状の申請をする為、帯広の保健所へ出かけた。ここで大きな問題がおきた。胸部レントゲン撮影の結果、左肺尖部にかなり大きな空洞が見つかり、教員としての免許状の授与にとって不可欠の診断書は『肺結核・左肺尖部に空洞あり』と言う結果だった。学校長に話したら「これは大変だ」と言うことになった。なにせ、一家六人が引っ越して来てしまったのだ。採用出来ないとなれば、本当に一大事だ。私の心は蒼白だった。

学校長自ら保健所に足を運んで、事の次第を話し診断書の変更を頼んだ。断層写真・喀痰培養検査等精密検査を行った。結果は排菌はゼロ、医者は空洞の大きさから見て、これは相当前に発病している。首をかしげながら「菌が出ていないので、何とかしましょう。しかし、異常なしとは書けませんよ」と言いながら『若干の異常は認められるが、軽度の勤務は差し支え無し』これ以上は出来ない、と言うことになった。私にしても不思議だった。全く自覚症状も無かった。学校長は教育長に話し、臨時として町発令で採用になった。

しかし、このままにして置けないと言う事で、教育事務の専門家に相談したところ、私立大学校の卒業であるので、教育委員会でなく道の学事課に申請しなさい、ここでは保健所の診断書でなくても良いから、と言うので一般の病院でレントゲンを撮った。撮影は六×六判だったせいと、患部が鎖骨の陰だったので、異常の発見がなく、『異常なし』の診断書。これで道の学事課に申請した。希望どおり「美術と国語」の免許状が授与され、道教育委員会発令の採用に変更出来た。本当に一騒動だった。どうなるのか心配していた父母も妻も、ほっとして胸を撫で下ろした。しかし、医師のすすめによる、通院三年間の化学療法と併用した気胸療法は辛かった。

教職初任校での筆者（左から2人目）

その一方、生徒を前にして、緊張の連続の中で初めて教師としての生活に入ったあのときの感激は忘れる事は出来ない。生徒達の、私への評価を気にしていたが悪くなかった。理由を聞いてみたところ、「教師らしくない先生、よく一緒に遊んでくれる先生」だった。いま七十歳を過ぎた当時の生徒達だが、卒業後今日まで欠かすことなく二年ごとに同窓会を開き招待してくれる。又、いまだに何かにつけ顔を合わせる付き合いをしている。私の病も癒えて教職にもなじみだした頃、街から十六キロほど離れた山あいの集落に造られた町の診療所に常駐者が必要で、看護師の資格を持つ妻に、たっての依頼があり、その傍にある全校生徒二十三名の中学校に（小学校と併置）私が転任すれば好都合なので私にも要請があった。

約五年勤務した市街地校から、まだ残雪のある四月、どろんこのぬかる道を苦労しながら引っ越した。前任校とは、すべての条件が一変していた。教室の数は、小学校が三つ、中学校は二つ、中学校の教員数は校長を含めて四名、この数で一〜三年まで教えると言うのだから一人、四、五教科を担当しなければならない。私は、国語・社会・美術・数学・技術の五教科を担当しなければならなかった。しかも、二学年同時と言う教科もあり、並大抵の事ではなかった。交通はバスで、朝は行き夕は帰りの往復の一回。生徒は校長の子以外は全部農家の子。農耕期になれば、登校前や下校後は家業の手伝いと言う状態で、子供達にとっては、やるせない不満が一杯で、授業には活気が見られない。こんな事情を知るにつけ、私の教育観や社会観に大きな変化を来す事になった。この当時、僻地小規模校は十勝教育局管内、いや全道には都会地を除いては三分の二程あった。私は、初めて教育基本法・学校教育法・学習指導要領等々の教育関係の法体系を勉強し出した。又同時に、教育組合運動に強い関心を持った。敗戦後まだ十数年と言う事もあって、教育環境整備が追い付かないと言う事もあるだろうが、日本国憲法で誓った武力不保持はどこへ行った？　一九五二年の保安隊、一九五四年には自衛隊と称して陸・海・空の軍隊の保持を決定し、戦後の民生復興費用をどんどん軍事費に注ぐと言う実態には、決して無関係と思うことは出来なかった。一九五五年の教科書法・地方教育行政等の改悪をみるにつけ、『子供達を再び戦場に送らない』と誓った教師集団の役割の重要性をひしひしと身に感ずるようになった。

幕別町の僻地には、悪条件下の学校は十七校中十二校もあった。私はこれらの学校の教師に呼びかけ、教育研究の機会の確保や、教員住宅の整備等を教育委員会に強く要請した。此処の住宅には、井戸も無く唯一学校にある井戸から自宅まで何回も運ぶのが日課だった。又、子供達の自治会や可能なクラブ活動の創設を目標にし、子供達と相談して、男子十一名は野球、女子十二名はバレーのクラブ活動を始動させた。これは、子供達の要求にも合致し、見る見るうちに子供達は変わった。私の学校を例にとれば、全男子十一名で作った野球クラブ、全女子十二名で作ったバレークラブがいずれも、町内大会で優勝した。弁論大会でも二位に入賞、子供達の可能性は、教育のあり方によって伸びる事が実証できた。生徒会活動も活発になり、冬には小学生の為に早朝道つけを開始したり、校舎内外の自主的整備活動。見る見るうちに、子供達の物の見方や考え方は成長しだした。私は、教師の労働条件の確立と国民の負託に応える教育活動のあり方を確立し、教師集団として、この実践に取り組むことの重要性を痛感した。この事を僻地校の研究会で討議を開始した。

このような実践が僻地に住む仲間達の信頼を得たのだろう。私は、北海道教職員組合（以下、北教組と呼ぶ）幕別支部の執行委員に推されると同時に、北教組十勝支部協議会（後に北教組十勝支部と呼称、幕別など町村の支部の呼称は支会となる）の執行委員にもなった。

二、平和と民主教育を守るたたかい

執行部に入ってみて、組合の執行状況を知るにつけ、組合運動に対する私の期待や予想とは、かなりはずれていた。方針は立派に作られているが、いざ執行となると教育局などの交渉では、大事な根幹部分での不必要な妥協や、時には裏取引と思われる事がたびたびあった。私は執行委員会などで、鋭く追求をするものの大概、少数意見として、顧みられなかった。

これでは組合員が余りにも気の毒だと思い、交渉の場合では予め譲れる内容の限界を持つ事など、相手の腹の内をうかがいながら粘り強く討議し、執行部の統一した意思決定をし、組合員が納得出来る執行体制の改革に力を入れた。又、月二回発行の機関紙の編集内容も報告、学習、皆の意見欄も設けた。こうした改善は、組合員から一定の評価を受け喜ばれた。

一方、平和運動では憲法の精神を具体化、日常化して父母達にも学習会への参加を呼びかけ、平和と、教育内容や子供にわかる授業の具体的実践や父母の役割の必要性などは大変喜ばれた。

折しも、米駐留軍が、十勝太《とかちぶと》に軍用の電波受信、ロランC基地建設を決定したので、この反対の闘争に、地元の支部として進んで参加し、又、力を入れて阻止行動を盛り上げた。

教職員は、国民全体の奉仕者であり、職責の遂行は自己の使命とされている。その為身分の尊重、待遇の適正等が教育基本法で約束されているにも拘らず、人事院の給与引き上げ勧告を無視、これに対し初めてストライキを実行した。又教員間、学校間、子供達にも差別を持ち込む、中学校全国一斉学力テストの実施に反対し、阻止の為にも全力を挙げ、わが町では、全七校で完全に阻止した。この行動で父母達に高い関心を生み、教師と父母との教育観も深まり、大きな成果を挙げた。この頃学校に教頭制が実施され、希望しなかったのに私は教頭に任命された。ＩＬＯの教職員の地位に関する条約の批准により、校長、教頭は組合から抜けなければならなくなり、教育局は早々に脱退を進めてきたが、実施には二年の猶予期間があり、出来るだけ長く組合に留まる為、私は直ぐには応じなかった。

日米安保条約は強化され、日本の軍備の増強、学習指導要領も改悪され、教科書の内容も平

僻地で淋しく 80 歳の生涯を終えた父の葬儀

和や民主主義に関する記述は、大幅に改悪された。憂慮される事がどんどん続いた。

私は、じっとしていられなかった。組合の機関紙に、新指導要領批判の論文を発表した。これが教育局長にとって我慢ならなかったのだろう。町の教育委員会を通じて、私は教育局長に呼び出され、論文の取り消しと、組合からの脱退を強要され、降格の示唆もされた。私は、①論文は組合員向けの機関紙に掲載したもので取り消しの理由にならない。②組合からの脱退は猶予期間内に届ければいいもの。③教頭は私が依頼したもので無い。と反論し、応じなかった。結果は、一九六六年教頭を外され、広尾町の中学校に転勤を命じられ赴任した。僻地校での七年間、前述した通り私なりに全力を尽くしたと自負している。ただ、この寒冷地の山の中で、しかも妻は役場の保健婦を勤め、いつも出かけ、私は学校と組合の業務で多忙、父母とゆっくり話す時間も無かった。それでも何の不満もこぼさず、二人の孫の世話中心の毎日だった事を考えれば、寂しい生活だったに違いない。母は六十一年、父は六十四年に亡くなった。両親の死を見て、『辛く寂しい死であったろう』と私の心に深い傷として残っている。

尚、七年間のこの僻地校での実践を支えた私の教育基本法とも言うべき理念は「組織の前進の為に」として記述する。

(一) 組織の前進の為に

おれ達の組合はどこにあるのか？　と質問されたら何んと答えるだろう。まるでこっけい極まりない疑問がふと脳裏をかすめる。しかし馬鹿げたことだと一笑に出来ないものがあるのではないだろうか。

十勝に組合が組織された当時からの変遷については私自身にもよくわからない。しかし少くても現在のような多種多様な課題が、次々と提起され、そのたびに組織の実態が変化していくようなことはなかったことと思われる。

近頃よく言われることだが、我々教師には、自らを労働者だとする階級帰属の意識が低く、又自分の直接的な利益につながらないものには関心がうすいと言われている。このことはことばを裏がえしにしてみると、組合不在と言うことになりはしないだろうか。一定の常識をそなえ、子供達を指導するに足る学識を身につけている者達としてお互に位置づけあっていることが、ともすれば我々を盲目にしている原因となっているのである。私達の組合は札幌にあるのではなく、十勝の教育会館内にあるのでもない。私達の組合は、私達の職場の中にあるのである。自分の所属する職場にある組合のことが、他人はいざ知らず自分でその実態をつかむことができないと言うことはまことにもって不思議なことだと思う。いや或はもろもろの動きや、要求をつかんでいながら、又問題点を発見しながらも、これらを問題意識として発展させ、組織のルールに乗せていくことをさけていると言えるのかも知れない。

ところで私達の組合の果たしている役割はいったい何んなのか、組合を組織しその組織の中に殆んどの教師が加盟していると言うことは、初歩的な段階で考えてみると、加盟＝集合体と言う事実が、一人の労働者では解決出来ない、或は一人の力ではとうてい防御できない不当な圧迫をがっちり受けとめていると言う事になるのであり、結果的には一人ひとりの教師の生活権や、労働者としての諸権利を確保させているのである。このことは最近の愛媛の実態の中にも如実にあらわれている。即ち組合員と非組合員（愛協研）と言う関係の中で自分の身分保障についての要求を組織して闘うと言う組織力を持たない愛協研にある非組合員は（かつては甘言をもって加入を強要し、自分達の傘下におさめて置きながら）五十五〜五十六才に達すると必ずと言っていいくらい退職させられているのである。しかし組織内に残っている校長は、一回の退職勧奨があっただけで、しつように迫られると言う実態にないと報告されている。

しかしこのことはあくまで初歩的な段階での果たしている役割であって、きわめて常識的に又平穏な、紳士的情勢のうちにある場合と言えよう。一般的なことばで言う労働者と資本家は思想的な背景からしても、又自然界を支配する経済の原理からしても両極に位置するものである。互にしりぞけあい、互に引っぱりあう中で一つの回転体として相手を己のレール上に乗せようとしながら前進しているのが現実であると言えよう。労働者が組織を持つと言うことは両極のうちの一極を構成したことに外ならない。この時点に於いて初めて対等な位置づけがなされたものであり、これから先きの生きると言うこと（回転）に於いて組織がいかされるか、相手のレールに乗せられるかと言う、現実社会に於ける具体的な事象の上に立つ諸々の闘いとなって具現されるのである。ここで最初のことばにもどりたい。「我々教師には、自らを労働者だとする階級帰属の意識が低い」と言うことは、我々が我々の組合を組織したと言って我々労働者の諸権利や生活権が確保されるものではなく、諸々の闘いの中に於いてのみ確保されるのだと言うきわめて簡単な原理が、複雑な闘いの様相の中で埋没し、闘うことによって不利になると言う現実的な妄想を生み、狭義な解釈によって原理すら否定すると言う現象をもたらしていることを指すにほかならない。

かつて勤評闘争や学テ闘争が激しく闘われ、我々組織の中にも不当な弾圧によって様々な処罰を受けた。この時によく聞かれた事なのだが、我々の闘争は政治的闘争が主ではない。いわゆる経済闘争を第一にすべきである等その闘争の重点の置き方に多くの不満があった。しかし現今我々の生活や権利を守る闘争に於いて我々の仲間は一致団結してその要求実現の為に最大の努力をもって闘いを進めているだろうか、この答えは簡単である。組織の実態にのっとった戦術がもたれていない。情勢の厳しさと、現場の実状にあわない職術配置だ、等、なるほどこれらの声は闘争の基本的な進め方、戦術のたてかたからして当然と思われる。しかしこの声の裏には、我々公務員には法的に争議権がないのだ、違法な戦術だと自らきめつけている影の声がありはしないだろうか。又、争議権保障の代償処置に人事委員会や公平委員会があるのでないだろうか等、ここでよく考えてみなければならないのは我々の生存権を保障する為に、争議権や団体交渉権があるのである。我々に要求にほど遠いながらも、人事院や人事委員会で我々の生存権を守る為に勧告された事の、その殆どが完全に実施されているだろうか。実施されていないのである。憲法に保障された生存権は本当に守られていないと言えるのだ。ここに於いて我々に対する争議行為の禁止は憲法違反があることが明確である。

このへんのところは一応みんなの意識としておさえられていると思われる。では何が不足で組合運動の原理に基く活動が進められないのだろうか。私は素直に言ってその第一は教員と言う職業がもたらす欠陥を挙げたい。学校を卒業してすぐ職に就くと言う点では一般の労働者と変わりないが、一方は学校＝児童生徒と言う環境にあって社会的な事象が間接的にしかとらえられない。したがって大人との接触の機会も少く、それだけ視野の面でせばめられている。肌をもって感じとり成長していく時期にとってはやはり大きな欠陥の一つに挙げられよう。第二には割合知識階級に多いと言われる利己本意的な考え方である。「出世」意識が強く、いわゆる出世コースの妨げになる集団による抗議とか対決すると言ういわばあぶない橋は渡りたくないとする意識。その三には現代人がいっぱいに追込まれていると言われる中間大衆意識や消費大衆意識が挙げられよう。二、三十万の貯金が出来たり、或は株券を持ったことにより資本家的な気分が、その言動にものぞかれると言うような現象、又自家用車を持つ事が特権的な階級にあると言ったような錯覚、このようなことが無意識のうちに、直接利益につながらないものに対する無関心をかたどってしまう。その上教師に大切なのは政治や行政がどうとか言うよりも、教授方法とか教科の研究を深めて自分の専門的職業を他より優越させると言った事が挙げられる。これらのことは既に何回となく多くの人の指摘するところでありもはや百の説法的効果も生み出せずに終っている感が深い。

私達の組織が組織としての役割を、組織人間個々の利益の前進の為に果たす、言いかえれば、組織が強くなり無謀な圧迫を完全にはねのける為今何を為さねばならぬのか、切実な問題として我々の眼前にうず高く積まれている。

いまかりに我々の組織を作ることが出来ず戦前戦中のように教師は聖職であるとか師表であるとか言われていた時とは同じと考えてみた時、果たして我々の勤務の条件や身分が保障されているだろうか。私は保障されていないと断言出来る。新しい憲法によって保障されるだろうと想像する者があるとするならば、これは大きな見当ちがいであろう。

昨年の賃闘を例にとってみることは私達にとって大切なことではないだろうか。春闘と言われる中で労働者が、戦後最大の賃上げを勝ちとった事が、我々のベース改訂に影響したと言う事実はさることながら、公務員労働者が、彼等の言う法的に認められない争議的行為（九・一四・九・二八）等の闘争を強固に組んだことによって、財源的に出来得ないと言っていたベース改訂の実施時期を不満足ながらも一カ月短縮し得たと言う事、このことは闘争を設定したからこそ勝ちとれたのであって、自ら苦しい闘いを組まずにただ叫び続けただけでは決して勝ちとり得なかったのである。実施が一カ月短縮されたと言う事実は、単に二〇〇〇円程度の金を得たと言う事に留まらず、今後既成事実として我々を有利にする為の貴重な条件をうみ出したのである。勿論この闘いの為には、暑い日照りの中を国会に出向き、又雑踏の巷をデモった仲間、又幾多の困難な条件の中で、全国津々浦々の地域に於いて何十万と言う仲間が同時に切実な、怒りをこめた集会をもって行動したのである。組織が組織として行動し闘ったのである。

自分の正当な権利を団結によって要求すると言う事の以外には、他人をあざむき、己の利己的な野望をペテンによって達成するしかないのである。純真無垢な子供を前にして、我々の生活の向上を期する手段はペテンではなくして、団結以外のなにものでもないのである。


さて組織についてはこのくらいにして（とは言うもののこれはほんの一部に過ぎないのだが）私達教師の仕事、教師としての生き方について考えてみる必要がある。なるほど我々教師と言えども人間であり人間として自由に生きる権利があるのである。ただここで人間として生きると言う事は、生命を与えられて生きると言う事ではなく、みずから生命をいきづかせ、次代の生命をうみ出すものに（創造する）つながらなければならない。これはいったいどう言う事なのかじっくり考えてみたい。

我々は労働者として存在している。勿論労働者としての生き方には現実として様々な態様がある。定められた時間に出勤し、定められた時間を、定められた内容に従って教だんの上に立ち子供達に向って言動する。やがて定刻に至り、一日の労働を終了して帰宅する。言ってみれば至極簡単なものである。しかしこれは生命を与えられた生き方である。この生き方には働くことによる喜び、生きることの喜びは一かけらも感じ取る事は出来ないだろう。もし出来るとすれば、味けない労働によって得た報酬をわずかに家庭生活に反映させ、俺は生きる喜びを味わっているんだとする。いわば不十分なものでしかない。こうした生活の中に知らず知らずのうちにものごとに対する感じ方や思考は固定化され、やがては老衰現象か、不感性に落ち入っていくのがおちである。

ところで私達には社会の一員として、主権者の一員として、民主的に進歩的に社会を創造していく重大な権利と義務が存在しているはずである。これは単に政治を施行すると言う事ではなく、私達の日常の生活、私達の日常の生き方の中にこの権利と義務が厳然として存在しているのである。ここでは他人のことを取り上げるより身近な私達教師の職を分析することによってこのことの重要さを明確にしたい。

このことはどの職業にも通ずることなのだが、私達の職業はその外面性をとらえるならば、児童生徒の教育にたずさわるのである。私達は己の職業を通じて民主的な進歩的な社会を創造しなければならないのである。ここには単に一日の与えられた時間を過ごすと言うことではなく、児童生徒の教育と社会創造とが密着された中で、長期的展望に裏づけされた目標と、緻密にして思慮深い計画によって実践されなければならないのである。私達の職業が己自身が社会創造を手がけると同時に、大多数の主権者の欲求する社会を創造し、これをより向上せしめる為の担い手としての児童生徒を育成しなければならないのである。私達の労働がこのように位置づけされていることに対しては誰も異論はないと思う。しかしこのことが本当に私達教師の心の柱となって、日常実践をささえているかと言う事になれば様々な疑問が浮かんでこよう。一つには大多数の主権者の欲求する社会の目的要素をしっかりと把握していかなければならない。(真理と平和の希求・専制と隷従・圧迫と偏狭・及び貧乏の追放、公正と真実並びに社会保障等)又把握されたこれらの要素は、日常の教育実践の中でどう肉づけ、教育内容としてどう位置づけるか、私達の労働する糧として重要なものであるはずだ。勿論私達は教育に従事する第一歩から完全に消化していない。だからこそ一日も早く、己の中に消化しなければならないし、又よりよいものに積み上げていく日常の義務も存在するのである。ここに初めて我々の研修の重要さが明確になるのである。と同時に研修の内容は単なる教授の技術ではなく、目的要素の消化と、実践上の技術でなければならない。

私達組織が何故反動的に企画された研修会や文部教研に反対していかなければならないのか明瞭になるはずである。

その第二には私達が真剣に考え、実践しようとするにあたって、眼前にはばかる反動行政に対してどう対処しているかと言うところにある。研修のあり方には自己研修、職場の共同研修、研修目的内容を同じく持つサークル研修、更にこれらの研修も広い場に於ける討議をもってより確かな、よりすぐれたものにし個々に還流する大きな研修が考えられよう。しかしこれらの研修はすべて前述の目的遂行の為の基本的な態度が貫ぬかれていなければならない。

これ以外の職務的研修はあり得ないのである。しかし現実には横しまな目的を持ち、正しい目的を隠蔽する為の諸種の研修の場が設けられている。しかも私達を参加させる為の権力的、官僚的手段をもって半強制的に迫っている。研修をすることと研修会に参加することとは、常にその問題意識の点で共通でなければならない。己自身の研究目的が不明確なまま、ただ単に研修会に参加し、「まあ人の話を聞いて参考になる点があったら頂くことにしよう」と考える事は少くても私達の取るべき態度ではない。ましてや私達の研究課題からはずれた横しまな研究会に無批判な態度で参加する事は、自ら教育者の良心を捨てさることにほかならない。少なくとも教育目的をしっかりと把握し、教育者としての正しい識見を堅持する努力を持たない者が、純真無垢な、未来創造の可能を無限にそなえた児童生徒の前で虚言をろうすると言うことに対して、仲間として、主権者の一人として絶対に許すことは出来ないはずである。私達は反動的官僚支配に服することなく敢然としてこれに対処すると同時に、利己的欲求から官僚支配に迎合し、やがては官僚支配的にならんと行動している者に対して厳しく対決しなければならない。

日常の教育実践に於いて、表面的にはこの欺瞞者の仮面は発見し得ないかも知れない。しかし児童生徒に対する真実性の欠如や未来創造者に対する愛情、そして温かく又厳しい思慮をもっての教授の欠如は職場研究を深める中では必ず発覚することを確信したい。

第三に私達個々の研修の取り組みはどうあらねばならないか。私達が日常対峙している児童生徒は同一の集まりではない。勿論児童生徒としての共通的な要素は数多いが、あくまでも一人の人間として把握しなければならない。このとらえ方の大小によって日常実践の様相が変わってくる。常識的には一人ひとりは別だと分別されていても、具体的に授業の実践にあたっては形式的にとらえられ易いものである。大切な事はこの形式化をやぶることではなく、私達が常に意識的に（常識的にではなく）分別しなければならないことである。ここに初めて集団としてのとらえ方が正しく把握され、集団の高まり、集団づくりがいかされてくるのである。私達個々の研修や、実践についての取り組みが、常に同一職場にある教師に解放されなければならないと言う根拠が明らかになってくる。なぜならば、一人ひとりの人間として高めていくと言うことや、個性を伸長していくと言うことは、重要な仕事であって、単に一人の教師の力では効果的でないばかりでなく、その環境（これには家庭・学校・地域全体を含む）に対する見方考え方、又これらへの対処の方法はその職場に在る教師の総意が極めて重要になってくるからである。その職場に在る者の総意によって教育は進められ、高められるものである。一人ひとりの研修がこの総意として発展してこそ、教育のよい効果をうむものである。ところで私達職場での研究組織はこの目的を正しくとらえ、かつ位置づけされているだろうか。ややもすれば研究討議されていても、その結論に対して個々の受け取り方に甘さがあるのではないか。又実践の課程になれば、せっかく討議によって得た総意が、総意としての価値を喪失して、自己のまずしい実践にかえってしまうと言うような結果に落ち入ってはいないだろうか。今一度私達の歩みを振り返ってみる必要を痛感させられる。私達はもっと謙虚でありたい、子供に対して、教育と言う仕事に対して謙虚でなければならない。

組織は私達一人ひとりの為にあり、又組織は私達一人ひとりに強く、正しく前進することを要求している。私達が自分の生活向上を目指し、諸権利の完全行使を誰にも拘束されることなく自分のものにする為にも組織を強化すると言う事は、本来の労働者として目ざめる事であり、本来の労働者として生きることである。厳しい情勢にあればある程、私達のスクラムを一層がっちりと組み、眼前に立ちはばむ者との対決が必要なのである。これは組織の為ではなく、自分自身の為であり、労働者の為であるのだ。

更に私達は教育者として日本の教育を民主化し、子供達の幸を未来永劫にする為、職場研修をはじめ、正しい教育研究を自らの手で築き上げなければならない。お互に仲間を信じあい、謙虚であると同時に、お互を厳しく切磋琢磨しなければならない。日本中の教師が、同じ目的を遂行する為には、ここにも団結が必要なのだ、目先きの現象だけにとらわれず、常に私達の進む道を明確にし、方向をあやまらぬ事が、教師としての最大の責務である。

教師よ！　弱虫になるな、卑怯者になるな、仲間を信じ、団結して己の弱点をはねのけよう。

〈未　完〉

（一九六五年一月、機関誌「十勝評論」掲載）

広尾町での私の闘志は、ますます盛んだった。北教組広尾支会の書記長に就任したり、十二の労働組合が加盟する広尾地区労働組合協議会の議長等にも就いた。又、自ら立候補して北教組十勝支部の執行委員、さらに組合専従の書記長として、組合執行の民主化、組合員の為の組合づくりに力を入れた。広尾では休職の専従期間を挟み十年間活動した。教育課程の自主的編成の実践化や、楽しく、わかる授業の在り方を追求した。又、教員間の分断と組合の弱体化を狙う勤務評定闘争を父母達と共に闘い、それを許さなかった。又、国民主権の重要な権利としての国会選挙に対する警察の不当な干渉の排除の為、警察署を相手に地区労が一丸となって三十日間毎日の抗議行動の指揮を続け、ついに不当な干渉の排除を勝ちとった。

平和を守る運動にも力を入れた。一九六七年頃だったと思う。襟裳岬にミサイル発射基地設置計画が浮上した。私達は、地区労を主体にミサイル基地設置反対委員会を作り、広尾町、えりも町、様似町で毎週、〝豊かな漁場を壊すな！　平和は軍事基地を許さない！　漁場の喪失は町の死活に関わる問題！〟等の宣伝行動を展開した。町民はこぞって私達の主張を支持した。早くに立ち上がった運動はついに、計画中止に追い込む事ができた。

私は、原爆被爆者「医療法」や「措置法」が出来た事は知らなかった。もちろん、被爆者手帳は持っていなかった。しかし、被爆者として、被爆の実相の普及に力を入れ、特に町民の方には核兵器廃絶を訴え、こうして毎年二名を原水爆禁止世界大会に派遣した。皆カンパに応じてくれた。報告書と一緒に収支決算書もつけてお礼に回った。「カンパして決算報告書を貰ったのはお前達が初めてだ」と誠実さを買われ、大変好評を博し、毎年派遣することが出来た。小さな町だが文化活動も重視し、学校の体育館を借り、豊年座や劇団「どら」を招き父母と一緒に鑑賞会を成功させ、又実行委員会を作り、わらび座の町内公演もした。こうした町での様々な活動は町民からも喜ばれ、お蔭で充実した日々を送ることができた。

しかし、私の身体は次々と病魔に襲われた。教員の勤務評定実施阻止闘争時、私は支会の書記長の任に当たっていた。連日勤務評定のもたらす公教育への弊害、国民の教育権との関わりや教育基本法の精神をはじめ、教員自らの自己評価の必要性、それらに基づく研究と実践の交流と相互援助の在り方等の確立の理論だてを携えて、父母達の理解を得る事が何よりも重要だと、地域を駆け回った。この重要な時期に私は、時々、胸部に痛みを感じ、帯広の病院に行った。軽症ながら心筋梗塞と診断され即時入院を勧められた。日本の教育にとって極めて重大な状況下、教員の果たす役割は重要だった。私は医師に、今入院できない事情を話し、通院での治療を頼んだ。広尾からの通院は時間的には入院と変わらない。医師は思案のすえ、広尾町の医院に指示の添書を書くが、医院で了承すれば、そこに通院し、その指示に忠実に従う事を条件に添書を出してくれた。医院は承諾してくれ毎日の通院で注射と週二回の点滴を続けながら、医大との連携治療で七カ月を要した。又、早くから腰の痛みはあったが、ついに変形性腰痛症と診断され、二回の入院治療を余儀なくされた。

教員の異動は、五、六年が慣例とされていた。私も二回ほど、長いので転勤するように迫られたが、途中で担任が変わることは、子供達への影響は極めて大きい事を主張し、要求には簡単に応じなかった。これは、当たり前の事で「教師は常に子供を中心の教育実践者であらねばならない」が私の持論だった。

担任していた子の卒業をみて、一九七六年転勤することにした。しかし、私の希望する町村では、あいつは一筋縄では……と言われていた為か、私の受け入れを断っていた（後で知った）。一校での勤務が長いことは、他の教師に悪いと思い、教育委員会に転勤の意志と希望校三校を提出した。

やっと、十勝北部のK中学校に赴任した。この中学校は町内の五つ程の小規模中学校を統合して造った三階建、コンクリート造りの立派な校舎だった。しかし、噂に聞いてはいたが、なるほど十勝随一の非行多発校だった。校内喫煙や暴力、万引き、シンナー、ヒッチハイク、授業抜け出し、無断欠席など毎日のように警察や家庭から連絡があり、その都度授業空きの教師は捜索や対処の為、てんてこ舞いと言う状態だった。学校長に聞いてみると「ここは林業関係もあって共働き家庭が多く、親も学校に殆ど顔は出さないし、悪条件の塊で、苦労している」と言う。原因をよく調べてみると、統合の為市街地外の生徒はスクールバス通学、生徒にとって楽しみの部活動の時間はバス運行外になり、部活動をする遠くの者は自転車通学を余儀無くされる不満。又、教員に於ける私生活の乱れからくる教師不信。こうした事も含め『大もとは、学校・教師の側にある』と見当がついた。第一、どこの学校でも取り組んでいる校内研修がない（研修部があり、年間の共通研修課題の企画・推進を担当する）。なぜないのか尋ねると「誰も担当希望者がなくて作れない」と言う。私がやると言うと「君には生徒指導部をやってもらいたい。頼む」と言うので、それは引き受け、又私が責任者で研修部をつくる事を認めさせた。驚いた事に、重要議題の職員会議でも、勤務時間が終れば、途中でも勤務時間終了として、中止してしまう。

かつて、私が十勝支部の書記長をしていた時、教育労働者の勤務の在り方について、各学校で討議し、統一してほしい旨の指導通知を出した。討議の柱は、①教員も労働者であり、正当な権利として、決定された労働時間は、厳正に尊重されるべきもの②教育労働者と一般の労働者との違いはどこにあるか。（一般労働による生産と教育労働の役割について）③給与表の一般職と教育職とに分けられている根拠と時間外労働との関係をどう見るかなどであった。

この学校での、四年間の教育実践は私の二十六年間の教員として最も充実した実践だと、今も確信している。実践の経過は、(二)全職員一丸となって為しえた実践の成果について、項目ごとに記述する。

(二)全職員一丸となって為しえた実践の成果

赴任したK校の実態を見て、どの学校でも非行は起きているが、此処ほどひどい状況では無く、数人による小規模散発的なものが殆どだった。しかし、此処の実態は、全学年で、しかも過半数の生徒に亘っていた。何が原因なのかの究明は緊急且つ不可欠で、この解明によって何を如何すべきかの徹底した討議により実情を正確に把握する事から出発すると言うセオリーに従い学校運営、教職員の実践に対する熱意、地域や家庭環境、経済的実情、教育委員会の対処等を自分の目と耳で捕らえ善悪の視点を、新たに設置された研修部の責任者になった私から提示し、忌憚の無い討議を徹底して行うことを確認して変革の第一歩を踏み出した。私見ではあるが、皆の中にこの状態を何とかしなければとの気運もあり、校長とはかつて組合活動を共にした仲間である事、私の反動行政に対するたたかい等での実績が知られていた事、年齢が高い方である事、などが支障なく踏み出す事を可能にしたと思う。解りきった憲法や教育基本法に提示されている教育者としての義務から始め、その重要性を確認し、自身の憲法として、これからの様々な実践の基本とする事を全員一致で確認し合った。

こうして教員、生徒全員の変革への具体的実践の柱として七項目を提示し徹底した討議を経て、全員一致で決定したのである。以下一～七項目を取り上げた観点や指導の重点等を説明する。

項一、全職員は、論議を重ね、統一した教育方針に基づき、特に生活指導について、教員は統一した指導を徹底する。

統一した教育方針は、くどい様だが、物事を進める上で、自己の心底に徹する為に敢えて提示した。児童生徒は、わが国はもとより全世界の国民が希求する、恐怖と欠乏から免れ、平和のうちに生存する権利をうち立てる社会の形成者として、その存在と任務は尊厳に値するものであり、したがって青少年の教育にあたっては、個性豊かな人格の形成、自主的精神に充ちた心身ともに健康な国民の育成を帰する事を目的としており、それに相応しい学校の教員は、国民全体に対する奉仕者であり、その責務を担うと言う自己の使命を自覚し職責の遂行に努めなければならない。この崇高な任務の実現は、一人ひとりの自覚をもとに職場の全教職員の一致で得た確信ある方針により、達成されるものであり、特に教師と生徒の心の通じ合う学習の場の形成が極めて重要なのである。生徒指導について教員は統一した指導を徹底する。としてのは、新一年生は、中学生になったと言う自負と興味をもち、ある意味では本校の実態から見て無垢的位置づけにあり、最初からの指導が成否を左右しかねない事から、強調したものである。生徒指導については、項二、で説明する。

項二、及び三、七、項最初に学級担任の位置づけを概括すると、①教員のなかでは、一日を通じて最も多く生徒と接触出来る立場にあり、学校や担任と父母間の橋渡し役であること。②父母や生徒からの評価（良い、不満等）が集中しやすい立場にあること。③父母にとって、家庭や子供についての相談役である事。④事務的職務は、一般的なものとしては学級の生徒に関しての書類の作成、（各種の統計書、学習結果の通知表等）保管などである。これらの外、教科（五教科の担当者は週三～四時間）授業の為各学級に赴いていた。ここで強調したのは自分の学級で話したことを、赴いた学級でも話す事により、生徒は先生方の話す事は、皆同じであると知り、教師に対する差別感の除去に役立ち②の存在の解消に繋がっていった。

以上のほか、重要なのはホームルーム指導である。毎週一時間、特別教科活動として学級内個々人の持つ要望、意見が出され、討議される場であるが、学級自体が崩壊状態で機能せず教師からの説諭的な半ば一方な提示に終始していたのが実情だった。このような実態が全校的非行の横行をもたらした一因として挙げられる。他の要因で、崩壊への大きな影響を与えていたのが、位置づけの②や、朝鮮戦争、ＭＳＡ協定等々戦後の民主教育破壊の進む中で、憲法、教育基本法に根ざした方針として掲げたA中学の教師と生徒で何回も討議して作られた綱領（道徳教育の基本）とも言える教材なので、それを紹介する。これは私達の教育実践として取り入れたものである。

「誰もが力いっぱい伸び伸びと生きていける社会、自分を大切にすることが、人を大切にすることになる社会、誰も彼もが『生まれて来てよかった』と思えるような社会、そういう社会を作る仕事が私達の行く手に待っている。その為に私達は毎日勉強している。そして、次のことを忘れずに希望と自身をもって力を合わせ頑張ろう。

一、祖国を愛しよう。（古いしきたりを棄て、美しい自然と平和な国土を築こう。）

二、民族を愛しよう。（民族の歴史を学び、人間の強さと尊さを知り、平和な社会を築き上げよう。）

三、勤労を愛しよう。（責任を重んじ、みんなの為に働く事の尊さを知り、良い事を進んで実行しよう。）

四、科学を愛しよう。（人間の幸福の為の学問を尊敬し、なぜ？　と考える人になろう。）

五、公共物を愛しよう。（生活を豊かにするみんなのものを大切に使い、平和な、美しい町、明るい学校を育てよう。）

六、『仕方が無い』をやめよう。（自分や友だちを見捨てず、良い方法が無いかを考え、みん

なの力で解決しよう）
七、しりごみをやめよう。（逃げたり隠れたりせず、不正を見逃さず、正しい事を勇気をもって実行しよう。）
八、いばるのをやめよう。（生徒も先生も女子も男子も、威張りや脅かしをせず、怖がらず、親切に助けあおう。）
九、ひやかしやかげぐちをやめよう。（互いに親切に忠告しあい、又聞くようにし陰でのこそこそはやめよう。）
十、ムダをやめよう。（時間や資源をムダにせず、みんなの幸福の為に役立てよう。）

（）内は討議のなかでの到達目標。これを校内学習会に提示し、道徳教育の教材として時間を掛けて生徒と一緒に学習討議することを決定した。討議の中では、全員が感激し、そこで得た熱意が生徒の理解をも前進させ、やがてホームルーム指導の中に反映されだした。

これを機会に現在ある生徒手帳から、自分達の手で自分達が生徒集団の中で必要とする内容のものを作らせる事にし、生徒会の執行部が原案を作り、各学級、学年での討議がはじまり生徒会とし、初めての自主的意志の結晶としての手帳が完成した。

学校参観日の有りかたの検討。本校だけの態様で無いと思うが、形式だけで、学級や父母全員のものと言うより参加した父母のみが、自分の子についての情報を得るものになっていたのが実状と言える。これでは、行事設定の消化に過ぎない。本校の異常状態の原因として父母達の学校への不信が大きな要素になっており、これが生徒に伝播している。これの是正の為、私が提示したのが、父母と学級担任及び各教科の担当教師が出席し自分の子に関しての学校での様子、成績等についての質問や父母として為すべきことを忌憚無く話し合うことが、解決の柱と言う内容だった。

この実践には克服しなければならぬ困難点として、共働きが圧倒的に多いと言う地域の実情への考慮の必要性と、関係する教員全員の出席であった。双方の共通は、夜分で公民館なら、場所的にも可能と言う点だったが教員にとっては、大幅な勤務時間の超過になる事だった。会議で問題視されたのは、改革実現の為とは言え、校内研修や職員会議での時間外勤務をやめる事は、自己否定になる等苦渋に満ちた討議が続いた。私としても、時間外勤務の日常化は認めがたい。ここは、校長にも一肌脱いで貰わないと、解決案は出ないと思い、校長に下駄を預けた。じっと考えていた校長から、「先生方が全員一つになっての実践の結果がみるみる現れ、校長として、何をもって報いたら良いか考えていたが、夏休み中の勤務について、出校しての勤務は君達が必要とする事務的処理と、これから先の実践計画への会議に限定し、後は自主研究とすることを教育委員会に認めさせることを皆さんに約束する」との話がでた。私達は率直に受ける事にし、月一回の父母と教師による子供を語る夜間学習会の開催へと進化させる事が出来たのである。（参観日改革の経過については後日組織的観点から検討の対象とする事を確認）

一回目の語る会の参加者は予想に反して少なかった。やっぱり駄目だったか、の悲観的声も出たが、私は出席した父母の喜びは、きっと口コミで広がる事を期待し、辛抱強く続けた。三回目以降はかなりの人数になり、私達は対応に苦慮する程で、教師や学校への信頼は見事に回復へ向った。

項四、学校敷地内の不要物の撤去、整理も終えた。驚いた事に父母達から、町内の老朽、不要の建造物の撤去について、自分達で役場へ交渉する等の活発な活動は町長をも驚かせた。夜警もはじめた。こうして教師、生徒、父母をはじめとした町中が三位一体と成って、本校改革に取り組み、予想を超えての成果を挙げる事が出来た。

生徒の自主的学級活動が学校を明るく、活気に満ちた学校生活を誕生させた。この間三年を要したが、十勝管内一の非行校と言う汚名は完全に払拭され、多くの学校からの訪問を受け、どのようにして、成し遂げたのか等の質問には、どの先生でも対応ができ、校長の誇りにもなっていたようである。

項五、実践の経過と結果の検討会の設置。私達の改革推進の原動力として、取り組みの経過を確かめ、その結果で得られたものを、改革の目的とした生徒達の民主と平和の社会の形成者育成にどう発展させるかに懸かっており、軽視は許されなかった。こうした視点から提示したのが、次に示す内容だった。①学級に赴くことの最も多い五教科及び担任は、授業の開始時、授業中、終了時までの間各学級に於いて二名の生徒の行動、思考、他への影響等を観察し、得た十、一点のメモを取る。②観察する二名について、一名は学習や学級会活動等で積極性が見られる者、もう一名は、まじめだがどちらかと言えば消極的な者③各教師が自主的に対象者を決めるが、対象者の重複を避け、相談を密にして決定する。④メモを基にした検討会は隔週おきに開き、対象者の個性、長短所を把握し、ホームルーム指導はもとより、生徒個人の成長を期する為の資料とし、プライバシーの侵害、成績評価でない事に留意する事。⑤対象者は、半年ごとに変更し、選定基準は原則的には、②に準ずる。以上が、検討会設置の基本である。

教師からは、事務的にも責任の重さから見ても、しんどいの声も出たが、頑張ろうの精気で一致した。この実践により、父母と教師の「子供を語る夜間学習会」にも反映して、成功を収める事が出来たと確信している。

非行もまだ散発的には見られたが、新生徒手帳を中心にした学級会の討議で解決されるようになり、本校の改革も九〇%程度に達した。

項六、時間外勤務に関する在り方の検討。この項は、極めて重要で労働基本権として決定された勤務時間の問題であり、正当な理由なしに、勝手に変更は許されない。しかし、変革の為の会議は、回数、時間の制限内では進行上の支障は避けられない。この問題の解決については項二で述べているように一定の前進を得ることが出来た。

以上七つの項目について原因の確認と具体的課題を明らかにし、諸実践を積み重ね、特に無垢の新一年生に重点を置き、こまかな、かつ解りやすい指導により、約三年間で、あれだけの非行は嘘のように皆無にする事ができた。あの時たてた方針、つまり基本的人権の尊重、教職員の団結、集団指導等が正しかった事を証明したと言える。しかし、此処まで達するのには時間を要したが、思えば会議途中で、「勤務終了」の叫びで議題は次回再提出、これが何回も続いた。私はむかつきを抑えながら議長に、「この議題後どのくらい掛かる?」「二十分くらい」の問答で、私は皆に「これ終らせないか?」「反対」の声があれば、止むを得なかった。こうした遣り取りが繰り返された。非多数決で一人でも反対の声があれば中止した。この辛抱強さが功を奏し、以降一定の時間外が暗黙の了解で定着した。此処までの道程は長かった。皆の自覚が今開花した証拠でもある。

言うまでもなく、平和教育の一貫として、被爆の実相を生徒・父母にも、話し続けた。

この学校での四年間、私の健康にも大きな変化を来たしていた。赴任の翌年、膵炎発病（四十日入院）、その翌年、急性肝炎発病（九十五日入院）、その他、腎臓、腰痛等次々に発病し、校舎の三階への上り下りには息が切れ、毎日辛さを感ずるようになった。四年目、私の教職最後の年には二十年間続けた学級担任を持たなかった。学校は見違えるほど、生き生きとしてきた。問題らしき事があると、どの学級でも学級会が開かれ、学級の討議の中で解決されるようになり、教師達も伸び伸びと授業の工夫に時間をさく事ができた。

私の入院中には、子供達が毎日のように代わる代わるやって来ては「先生、早く治して出てきてよ」と激励とともに要求された。そんな事を思うと、病気がちの私にとって『今が引き時だ！　これ以上子供達に迷惑はかけられない』との思いと、いま少し続けたい気持の葛藤のなかで、退職を決意した。その旨学校長に伝えた。学校長や教育委員会からは、相談役のつもりでいいから残って欲しいと、再三にわたって懇願された。しかし、学校に相談役と言う役職も分掌もない。それは、教師集団のなかで許され得るものではない。教育長からは「私は、君を誤解していた。実は君の受け入れを拒否した一人だ。恐ろしい奴で、非協力者で、破壊分子と言う噂を信じていたが、それは全く正反対だったよ。情熱と堅い信念と、父母・生徒に対する教育観の素晴らしさに、心からの尊敬と信頼を持っている」と打ち明けた言葉も貰った。三月まで寂しい気持で、落ち着かない日が続いた。苦しかった。

送別会は、学級・学年・学校の三つのＰＴＡ会それぞれがしてくれた。又十勝全域の仲間達が帯広でしてくれた。本当に有り難かった。夢のようだった。こうした中、一九八〇年三月教職を退き、札幌に移り住んだ。

第五部

一、被爆者手帳をとり、被爆者とともに

札幌にきて、暫くの間、義兄の会社や友人の会社で仕事をしたり、子供達に良い絵本を読み聞かせるブッククラブや、いわさき・ちひろカレンダー普及の仕事等をしていた。

しかし、私の身体は相変わらずの病気がちで、時々入院を余儀なくされていた。確か肺炎で入院していた時だと思うが、相変わらず、周りの患者達に被爆の実相を話していたが、ちょうどその時、救急車が着いた。後で、いつも私の話に関心を持っていた女性の患者から、「さっきの救急車で入った人、被爆者ですよ」と知らせてくれた。その時は会ってみようと思わなかった。

翌日の午後、彼女から、「あの被爆者の人と話してたら、あなたに伝えてほしいと言って退院したので」と伝言を話してくれた。その内容は、「貴方達に話してくれた安井と言う人、僕の知らない被爆者だと思う。事務所にいる酒城と言う者だが一度来てほしい」と住所の書いた

伊達高校で語る筆者

紙を渡してくれた。私は、初めて北海道被団協と言う組織のある事を知った。私は数日後退院した。

入院中溜まっていた仕事を整理しているうち、伝言のことを思い出して、訪ねてみた。事務所は、三越デパートの近くの繁華街にあるビルの二階にあった。事務所には女子高生が数人いて、賑やかに話しながら何かの仕事をしていた。酒城さんは、奥のほうの机に座って書き仕事をしていた。「中央病院で貴方の伝言を聞いて来た安井と言います」の挨拶から、聞かれるままに被爆時の状況などを話した。「被爆者手帳を持っている?」と聞かれて、手帳のことは何も知らないし、持っていないと答えると詳しく説明し、「被爆時の証人は居るか?」。年賀の文通をしていた戦友がいたが、既に死亡し、四十年近くも経つので、探すのは困難だと言うと、それならこの書類は出来るだけ詳しく書くこと、さらに宣誓書の必要など親切に教えてくれた。申請の書類を貰った。とても有り難かった。二日後書類の記載を終え、彼にみてもらって、これなら取れますよと励まされ、道庁に申請した。二カ月程で、手帳は交付された。

一九八四年一月五日だった。北海道の被爆者の状況や被団協の仕事や語りべ活動についても、おおよそわかった。何か手伝いしなければと思ったが、自分の仕事もあるので、そのまま数カ月経った。その後事務所の変更の知らせと訪ねてほしいとの連絡が来た。数日後訪ねてみた。事務所は前とは違って、南郷通り一丁目にある六畳間三つのマンションだった。二、三回行っているうちに、仕事を手伝って欲しい事、出来れば役員になってほしいと頼まれ、被爆者として関心も強かったので、自信はなかったが引き受けた。この時から私の被爆者運動が始まったのである。

二、仲間とともに被爆者運動

事務所に通うようになって、北海道に於ける運動の大要が解ってきた。事務所にはノーモア・ヒバクシャ会館建設委員会が隣の部屋にあって、既に五年前から、会館の建設の為に活動していた。この組織ができた由来を知って、感動した。この五年間の活動の経過を見聞きして驚いたことは、建設に関して全くの素人だったこと、又募金額と募金方法に整合性がなかったことだ。このままでは目的の達成には、ほど遠く夢ごとに終る危険性があり、専門家の意見を聴きとことん協議しなければならないと私見をのべた。なぜならば、私達被爆者の運動にも影響を与えるのではないかと心配した。これはきわめて重要かつ緊急な課題であった。

1986 年　日本原水協主催、全国活動者会議で語る筆者

全道母親大会で語る筆者

三、社団法人北海道被爆者協会の誕生

会館建設について幾つかの地方自治体から、土地の提供の申し出があり、会館建設委員会から、法人化したほうが、土地取得についての情報が得やすいと考え、委員会を法人にするべく、定款の作成に取りかかってみたいとの提案があり、はたと困惑した。

委員会が法人化されると、被団協と同じような組織が二つになり、道の補助金は、法人の方に変更される恐れがあり、被団協の相談事業等に影響が出るのは、必定。ふと、㈳原爆被爆者中央相談所を思い出し、専務理事の斎藤氏を訪ね、法人設立に関する助言と資料を戴き、役員会に報告し、全員の了解を得て、法人化については、被団協にと、委員会に検討をお願いした。

委員会から、業務内容から見て、社団法人北海道被爆者相談所とする方が、建設目的からみても妥当と考えられる、頑張ってほしい、と、快く承諾していただいた。早速、理事会を開き結果の報告と、事務的作業の事務局一任の了解を得た。

定款の作成、認可の為の手続き等、私がその任に就き、苦労しながら作業を終え、理事会での討議と決定を得て、一九八七年一月末、認可の申請。同年三月十日、認可された。

平和大行進札幌集会で訴える筆者

'87年11月行動デモの先頭に立つ筆者

1991 年 1 月湾岸戦争での核兵器使用反対街宣

日本被団協定期総会で提案する筆者

四、北海道ノーモア・ヒバクシャ会館の完成

被団協の法人化も達成し、残された土地の入手について、道、札幌市等にもお願いしたが、適地がない、と告げられ、八方塞がりで窮地にたたされていたが、委員会のＨ氏が新聞に、建設の意義と、空き地提供のお願いを掲載した。これを見たニセコ町に住む篠田さんから、小樽市内にある土地提供の知らせを受けた。一同涙を流しながら、抱き合って感謝と喜びで、しばし身動きできなかった。

考えてみれば、被爆者、支援者の方々の願いを、何とか実現しようと、一九八二年に始めた北海道ノーモア・ヒバクシャ会館建設運動が、民間だけの力で、全国で初めて独立した資料館を完成させた。今日、被爆者援護、核廃絶を始め平和を求める諸運動の中で、個人、団体の見学者、小中校の修学旅行のコースになり、会館の狭さに、困惑している。

ここまでは苦難の多い道程だったが、築かれたこの土台のもとに被爆者運動、平和運動のセンター的役割を自覚し前進を期している。と同時に私自身も成長したと思う。一九八七年、被爆者協会常務理事、日本被団協の代表理事に就任、全国的運動の課題である被爆者の基本要求の実現を掲げて全道的に活動を開始した。第一は、各地にある被爆者の会を拠点とし、援護法

ノーモア・ヒバクシャ会館

制定骨子の学習と被爆の実相の語り部要項の会得を中心とした学習会の開催。主に私の担当した地域は、道南（函館）十勝（帯広）根釧（釧路）道央（旭川）オホーツク地域（北見）等。実相普及では、高等学校に働きかけ、室蘭、伊達、岩見沢、滝川、白老、稚内、小樽、札幌市内四校等、地域では各地の生協、平和団体、町内会、寺院、市内では十名程度の父母の集い等多数にのぼった。又、被爆の実相普及・核兵器廃絶のアピールのイベント開催では、米国、マーシャルからの被爆者三名を招待してパネルディスカッション。構成劇「原爆を裁く国際法廷」では私のささやかな経験を生かし、脚本、舞台等総監督をさせて頂き、大成功を収める事ができた。その外、原水禁世界大会に来日した、米国の被爆二世夫妻、ニューヨークの活動団体ＮＡＣを主宰しているレイスロップ教授夫妻、ワシントン広島長崎平和委員会主催のジョンスタインバック夫妻（いずれ方も私と面識がある）を迎え、我が家を拠点として、被爆者との交流、軍事基地、アイヌ文化、開拓の歴史等の史跡見学の為道内各地を訪れ、米国と日本の文化の一部を学びあった。

ジョン・スタイバック夫妻

自転車で原水禁大会参加の被爆二世夫妻（米国人）

NAC からの感謝状

NAC 主催のレイスロップ教授夫妻（後方の２名）

第六部　海外での被爆の実相普及と核廃絶要請活動

一、一九八七年三月、日本原水協による被爆の実相普及国際遊説スウェーデン訪問の報告

はじめに……

日本原水協第十三回被爆者国際遊説団は、団長・佐藤祐（原水協代表理事・全商連事務局長）、被爆者・安井晃一㈳北海道被団協常務理事・日本被団協代表理事）、蟹沢昭三（原水協全国理事・長野県高教組書記次長）、朝戸理恵子（原水協国際部事務局員）の四人で構成。スウェーデン平和仲裁協会（ＳＰＡＳ）の要請により三月二十日成田空港を出発、四月一日ストックホルム・アトランダ空港をあとにするまでの十三日間、首都ストックホルム、ソルナ、スンビベリ、ビスビイ、トロノス、ソルエスボリ、ボールベリ、フォルシュピング、ゴーデンバーグ（ヨーテボリ）の九市で遊説活動を続けてきた。この間の活動内容とともに、スウェーデン国民の平和についての取り組みや、私の感じとったスウェーデンの民主主義の一端を報告させて頂きます。

航空機内の３名　左より蟹沢・朝戸・安井

初めての国外旅行、十八時間の搭乗

三月二十日午後九時三十分、私達一行は成田空港を出発、飛行七時間の末、どんよりと曇ったアラスカ・アンカレジ空港に到着した。給油の為の一時間、私は初めて外国の空気を胸一杯に吸いこんだ。空港屋上からの眺めも、雲が低くたれこめていて、植村直己の命を吸い込んだあのマッキンリーは姿を見せてくれなかった。再び搭乗しロンドンへ向う途中、体調が思わしくなく瞬時失心すると言うハプニングはありましたが（この為用心したお陰で帰る迄変調なく過ごすことができました）二十一日午前五時過ぎ無事ロンドン・ヒースロー空港に到着。ロンドンは未だ暗く、何んとなく外燈が美しく見えた。八時五十分発のストックホルム行き迄時間があり八時頃小さな待合室での待機は味けなかった。

23日の市民集会案内のポスターと筆者・佐藤団長

良く晴れ渡った空の下、スカンジナビア半島は全くの雪景色で私達を迎えた。湖は凍りついたまま、いりくんだ海岸や入江もすべて凍っていた。一風変わった地形を眺めながらやっと外国へ来ているのだと言う実感が湧いてきた。十二時二十分、ストックホルム・アトランダ空港に到着、目的地スウェーデンの地にその第一歩を踏みだしたのである。

不安と緊張がいっぺんにふっ飛んじゃった。

空港のロビーで予期していなかった日本の女性から声を掛けられた。一瞬おや！　と思ったが、私達を迎えに来て下さった佐々木みつ子さんと言う通訳をなさってくれた人だった。外に出ると玄関口にＳＰＡＳの組織担当のマーチン氏、ホームバーグ氏等が二台の乗用車を用意して待っていたのだった。挨拶を交し早速車に乗り込んだ。車は郊外を走る。日本とは違って右側通行、速度の制限はない。雪は少ないながらまだ原地を埋めている。北欧の特色ある家が黒ずんだ針葉林の陰から顔を出す。三十分程で私達の宿舎となるソルナ市のボスロム家に着いた。五階建ての美しいアパートである。ふと気がつくと、アパートのあちこちに日の丸？　を描いたポスターがあるではないか、実はこのポスターは二十三日開催の被爆者を迎えての市民集会の案内用だった。

中に入るように促されて驚いた。靴をぬいで上るのである。外国はみな靴のままだと思っていたので本当に驚きだった。何んとなく日本の家庭に来たような安堵感が湧いた。

そして再び驚いた。美しい女性がぞくぞくと出迎えてくれるのだ。この美しい女性達と見たのは実はＳＤＡＳの会員である高校生達だった。その名は、ジェニー、ロッタ、アンナ、キャロリン、ターニャ、アンナコリン、サラ、そして男子のモーガン、タケ、青年のビョルン達だった。宿主のタケ君の母リズ・ボスロムさんとの挨拶を交し終って、私はとまどいの中にも、若さと、情熱と、明るさ一杯の歓迎を受けて、嬉しさが込み上げて、涙が出そうになった。出発前にあれこれと考え、いっぱいになってた不安と、緊張がいっぺんにふっ飛んだのである。

熱いコーヒーを飲みながら早速日程の打合せをした。そして午後六時ボスロム家での歓迎夕食会まで休むことにした。私と朝戸さんはこの家で、団長と蟹沢氏はマーチン氏の家に向った。

歓迎夕食会は総勢二十人、彼女等の手料理で、まるで数年来の知己達の集いと言う感じで、核兵器の事、平和の事、そしてそれぞれについての習慣の違いなどに花が咲いた四時間三十

ストックホルム新市街

故パルメ首相の墓地前の筆者

分。本当に私の不安と緊張はふっ飛んじゃったのである。ちなみに当夜の手料理は、ミートボール、ソーセージ、マッシュポテト、サラダだった。私は安堵感の中でぐっすりと眠った。

ストックホルムでの一日

翌二十二日（日）十時に、マーチン、ホームバーグ、ロッタ、ジェニー、ターニャがボンゴ車で迎えに来た。午後三時ＳＰＡＳ幹部との会合までストックホルムの案内をしてくれた。

最初に新市街地に向った。立ち並ぶビルなどの建物は殆んど八階どまりで、高さが一定している。電柱は一本もない。日本のような看板もない。清楚で、落ち着いた、日本では感じたことのない美しさがあった。街角の一角の小じんまりとした教会の前で車は止まった。故パルメ首相の墓地があった。まだ一面雪におおわれた教会の墓地。その中の自然石の墓はたくさんのバラの花に囲まれて、世界平和のゆくえをじっと見すえているような気がした。これが故パルメ首相の墓だった。続いてパルメ氏が暗殺された街角に立ち寄った。まだ残っている残雪の中、ここでもたくさんのバラの花に囲まれた碑、あれ程世界の平和を願い軍縮の世論づくりの為に自らリーダーシップを発揮して世界中をかけめぐった首相を思い、あらためて深い敬意を込めて冥福を祈った。

各国の大・公使官邸の立ち並ぶ通りや、二～三百年前に建てられた劇場街を見ながら旧市街地に入った。王宮の広場に車を止めて、坂のある旧市街へ入った。この市街は二～三百年前に建築されたのを、そのまま商店街として使用しているのだそうで、いずれも装飾のある立派な建物だった。道幅は狭くすべてが石畳で、勿論車の通行は禁止。両側にならぶ商店は、それぞれショーウインドウにくふうがされ、自店の特徴ある商品が並べられている。日曜日とあって殆んどの店は閉められている。それでもたくさんの市民

ストックホルム旧市街

SPAS（平和仲裁協会）。会議中の幹部達

が、友人達、家族連でにぎわっている。不思議に思って聞いて見ると、欲しい物を見定めて置いて、後日買いに来るのだそうで、週休二日制が立派に生かされていた。ここでも看板は目につかず、わずかに旗類のものと四、五十糎角のものがぶら下げられているくらいだった。二百年前の地下倉庫を改造したレストランで昼食をとった。外人部隊と言う映画を思い出させるような雰囲気で、ほのかなランプの中で食べたハンバーガーの味は忘れがたいものだった。

　午後三時ＳＰＡＳ本部を訪問した。機悪く緊急に審議する件が発生して会議の最中だった。会議を中断して、一同は私達を迎えてくれた。団長から連帯の挨拶や、原水禁運動の経過、アピール署名取り組みへの感謝や期待が簡潔に述べられた。ＳＰＡＳ議長からは、連帯の挨拶、緊急の会議で十分な意見交換のできないことのおわび、アピール署名推進の為の遊説援助の要請を受けた。その後ＳＰＡＳ機関紙に掲せる為に編集局長のインタビューを受け、被爆の実相についてくわしく質問を受けた。特に婦人の出産の場面では深刻な表情をありありと見せながらメモしていた。又被爆者の数、被爆者の活動の状況、他の平和団体との共闘関係、被爆者の後遺症の実態、日本政府の対応、軍事費一％突破の意図、国民の関心、現在の政情、原水禁運動の成果と展望等々で、その質問の内容はいずれも伝統ある平和組織のものとしてするどかった。ＳＰＡＳ本部の機構には、組織、財政、宣伝、機関紙等それぞれ担当者の室が設けられ執務していた。又廊下には壁面一杯に各種資料が並べられてあり、平和運動の砦としての風格の中に活気あふれた本部であった。

一面張りつめた氷に埋った入江や湖に、真白な船体、スマートな帆柱のある船がつながれている。殆どがユースホステルだそうでひっそりとしていた。まだフィンランド航路確保の為に細い水路が開けられていて、青と白の対照の美しい沿岸道を通って再びソルナ市に向った。

福祉施設は形ではない

午後六時半から、キャロリンの家で夕食会を持つことになっていた。前夜のメンバーに、キャロリン家の人々、それにＳＰＡＳ前議長のトーマス・マグヌスン氏も馳せ参ずると言うことで楽しみだった。ちょうど時間に少し余裕があったのでリズ婦人の姉の入居している障害者の施設見学が出来た。建物は道路脇にある五階建の一見アパート風の建物だった。玄関を入るとロビーの真ん中にエレベーターがあり、ドアは表裏両面が開閉され、車椅子の人は乗り降り時に車の向きを変えたり、後向きで出なくてよいようにされて、誠に合理的に出来ていた。まずこのエレベーターに驚かされたが、次々と見学した部屋、施設にはすべて感嘆させられっぱなしだった。三階の姉の部屋に着き、ブザーを押す。インタホーンでの訪問者の名を述べるとドアが開かれた。あとで判ったのだが、これは姉が居間に居たままドアを開けられる仕組になっていたのだ（これはテレビのスイッチやチャンネルの選択を離れたところから出来るシステムと同じ）。挨拶のあと最初に台所を見た。見た感じはどこにでもある台所のようだったが、車椅子の膝部分まですっぽりと入る料理台、壁には食器棚があるが、椅子のまま、マジックハンドで食器の出し入れができ、熱源はすべて電熱利用のもので炎に注意されていた。次は寝室。広さは十畳くらい、天井にレールが走っていてベッドの上をめぐっていた。小さな起重機があって本人をベッドの高さまで釣り上げ、レールを使ってベッドの必要箇所で降ろす仕組で、すべて本人が操作出来るようになっていた。ベッドは電動で前後の高さを変えることができるだけでなく、両横の高さも変えられ、自分で寝がえり出来るようにくふうされていた。この外居間があり独身用の部屋だった。浴室については自分で入浴できる人には浴室付きの部屋があるそうだ。このような部屋が八十あり、そのほか食堂（自分で料理できない人や具合悪くて出来ない日の為に、又、親戚や友人と会食する為のもの）、図書室、趣味での工作室（男子用、女子用あり)、介護者つきの浴室、小運動室、プール等の施設があり、車椅子はすべて電動で自由に利用できるようになっているのには、本当に感動しっぱなしだった。このような施設は、やはり身障者をはじめ国民の運動の成果であると話していた。そして私達は今、スウェーデンの身障者全部が入居できるようにその運動を強化しなければならないと決意も語ってくれた。ちなみに、この施設の入居料は無料で生活費用は自分持ちとのことだ。

夕食会はとても賑やかだった。トーマス氏とも話しあえたし、又、持参したスライド等を見ながら意見交換ができて有益だった。この日の料理は、サーモンのサンドイッチ、ローストビーフ、ポテテト、サラダ、クリームチョコレートだった。トーマス氏とは後日の面会を楽しみに別れた。

ソルナ、スンビベリ両市での遊説活動第一声

二十三日午前十一時よりソルナ市長招待の昼食会に出向いた。風のある薄ら寒い曇り日だった。予定された会場に着くと、市長、議員が丁重に出迎えてくれた。早速に昼食会が始まった。ジェニーがこの昼食会開催についてのお礼を堂々と述べたことにも驚いた。ちゃめ気の多いあの子が、落ち着きはらって前座を務めるその姿に平和運動への確信と誇りを感じとれた。市長とは佐々木みつ子さんの通訳で、原水爆禁止運動、被爆者の置かれている境遇などを述べた。

市長から私達の訪問に対する感謝と期待・連帯の挨拶をうける中一時間の歓談交流が続いた。この席で市長・議員ともに喜んでアピール署名に同意していただいた。

午後一時ソルナ高校で、高校生や地域の人びとを含めて二百人の熱気を感ずる講堂で講演に入った。

講演は最初ＳＰＡＳのジョニー・マーチン氏がこの会を主催するにあたっての経緯と運動の拡大を訴え、続いて、団長の佐藤さんから原水禁運動と日本原水協の方針、核兵器廃絶の緊急を要する課題と世界の平和を求める声の連帯と統一の訴えを、そして私からは、一九四五年の広島での被爆の実相、生き残った被爆者の肉体的・精神的・生活的苦悩の状況、被爆者の悲願とする核戦争阻止・核兵器廃絶の声を伝えた。私達の話には、皆聞き入るように耳を傾け、その顔には、核に固執する勢力への怒りと、被爆者への深い連帯の決意とが読み取れた。講演後の質問や意見によってもこれは確認され、私達もその反応に強く心を打たれた。

引き続きスウェーデンの殆んどのマスコミの方々との記者会見が始まった。全体での会見から被爆者中心のインタビューに移り、主として被爆の実相を中心にして行われた。翌日どの新聞もこれを伝え、テレビ、ラジオも全国放送で伝えてくれた。

午後六時半、スンビベリー市長の夕食会。一時間の懇談はソルナ市長の時と同様極めて有益だった。ご馳走の多いのにも驚きだった。ビールもたくさん出されたが、このの後一般市民集会を控えていたので遠慮した。

アピール署名にサインするソルナ市長

ソルナ市長招待の昼食会

雨の降りそうな感じの夜だったが、八十人以上の市民がつめかけてくれた。被爆の実相を伝える十フィートフィルムを上映し講演に入った。二、三人の日本の婦人も姿も目に入った。小

講堂につめかけた市民

ソルナでの第１回講演後
記者団の要請によりポーズをとる筆者

さな子供づれ、老夫婦の姿、関心の深さが、こんなところにも垣間見えた。十一時過ぎ、ボストロム家のベッドに横たわった。

ビスビイ高校第１回目の講演

ゴットランド島　ビスビイ

二十四日午前九時アーランダ飛行場に向う。十一時フライト。約一時間でビスビイ飛行場到着。空港には、この市のＳＰＡＳ支部長シャスティン婦人、それと八十歳を過ぎているクリスティン婦人が二台の自家用車で待っていてくれた。早速同乗して高校に向った。この市はスウェーデンでは最も古い歴史を持つ街で、海岸には古い石積みの城壁が続いていた。高校ではちょうど昼食時で、私達も高校の給食をご馳走になった。校舎は美しく広々とした（日本では体育館程ある）ロビーには丸テーブルや椅子が具えてあり、生徒達が歓談している。明るい、のんびりした空気がただよっていた。ＳＰＡＳの会員である先生のクラスでの講演、生徒は三十名くらい、例によって団長、私と話をついだ。話し終って生徒からの質問を受けている時、ドアのところで立って聞いていた先生が、つかつかとやって来て、会員の先生と何やら話し合っている。私は日本の学校事情から判断して、これは、この講演内容について問題があると、詰問しているのだと思った。ところが、それとは正反対で、こんなすばらしい話を君の学級だけにするのは不公平だ。全校生徒に是非聞かせたいので、もう一度話してもらえないか、掛けあってくれと言う内容で、私は思わず自分の早合点を心の中で恥ると同時に、スウェーデンの民主教育に敬服した。話しに来たのは、日本流では教頭だった。夜の集会迄にはじゅうぶん時間があるので、勿論団長は喜んで承諾した。校内放送が流され、全校生徒が次々と講堂につめかけた、その人数六百人。こうして第二回目の講演が開始されたのである。スウェーデンでは、学校教育の中に平和の為の教育が義務づけられていて、社会科学とか平和教育の時間が確保されていると聞いて本当に驚きを持つと同時に、人類生存の根本を教育の中でしっかりと位置づけしている国の文教政策のすばらしさを感じとることができた。(実はこのような文教政策は、はじめからあったのでなく、中立国の創設以来、SPASが、平和の維持には、青少年にしっかりした平和の為の教育は不可欠であると、全国民の運動として勝ちとったものである)

私達は、うらやましさと同時に、ことばでは言い表わし得ない深い感動をおぼえた。クリスティンの姪の勤めるレストランで、上等のワイン付きの夕食をご馳走になった。暫く歓談の後、夜の市民集会に出向いた。集会には七十名の市民が集まっていた。この中にスウェーデン

ビスビイ高校　全校生徒へ２回目の講演

講演後署名する生徒達

で医学を勉強中の日本の学生も姿を見せ、私達を感動させてくれた。

私と朝戸さんは会長の家に、団長と蟹沢さんはクリスティンのところに泊った。

翌朝はよく晴れた日だった。二人の案内で空港に行く途中市街地や博物館を見せてもらった。この街には大きなアパート群が見られず、街は殆ど一戸建か、小アパートだった。その為、スウェーデン本土では感じ得ない、伝統ある三角屋根の家並が続き、古びた石壁と合致した見事な美しさをかもし出していた。

スウェーデンの鉄道

午前十一時十五分、三十名乗りの小型機で一時間、ノルシュピ空港着。ハイヤーが迎えに来ていて駅に向う。すべて日程通りで、何等の不便も感じない。組織部担当のマーチン氏に今更ながら感謝の心でいっぱい。初めてスウェーデンの列車に乗り、次の市、トロノスへ。ここでちょっとスウェーデンの鉄道のことにふれよう。それはあまりにも日本の事情とは異なっていた。

駅舎はそれ程大きくはないが、立派な堂々とした建物で、玄関を入ると日本同様待合室になっているが、駅員の姿は殆どなく切符売り場と荷物取扱所だけで、ホームに通ずる入口には改札設備もなければ、勿論改札係もいない。発車時間が近づけば各自自由にホームへ行くのである。勿論私達もそれに従った。こんな場合は同行の朝戸さんに従うだけである。列車が到着した。指定席なので、その列車番号を捜して乗り込んだ。列車の入口には幅二メートルの三段に仕切った棚があり、乗客は自分のトランク等をその棚に入れて座席へ進む。私達はどうしようかと戸惑ったが、みんなに従う。私達の心の中には、荷物が無くなりはしないかと言う不安が走った。これがスウェーデンの習慣なのである。考えて見れば極めて合理的で、網棚から荷物が落ちる危険もないし、車内が混雑もしない。快適の旅である。座席に着くと間もなく車掌が来て、この駅で乗車した方は？　と言って切符を見て鋏を入れるだけ。

無改札と言い、入口の荷物棚と言い、日本では考えられなかった光景だった。こうした習慣はいったいどこから生じたのだろう。これは私達の推測ではあるが、国民相互の信頼と愛から生じたスウェーデンの民主主義であろうと思った。ちなみにこれと同じような状況は、集会の会場でも出くわした。図書館とか、学校とか市民会館とかの集会室の入口にはたくさんのハンガーがあり、みんなそれぞれコートを掛けている。中にはうん十万もするような毛皮のコートもあるのである。

列車は広々として日本の新幹線を上回るようだ。喫煙する者、ペットをつれている者は、列車の三分の一くらいがすべてガラスで仕切られている座席に行くようになっていて、その仕切りがガラスなので差別感もなくとても気持がよいのである。

途中「日本の方ですね、私も日本に住んでいました」と言って声を掛けてくれる婦人がいて、とても心がなごんだ。

湖畔の宿　トロノスの平和ホテル

一時間半程でトロノスに着いた。駅にはこの会長のアニー夫人や娘さん達が出迎えてくれた。二台の自動車に分乗して湖のふもとに建つ大きな、すばらしい家に到着した。実はこのすばらしい家は別荘だったのを買いとり、平和活動家用のホテルとして経営すべく目下息子さんと友人が改装中で開業準備におおわらわとのこと。早速に軽食を準備してくれ、食事後当地の新聞社の記者とのインタビューに入った。天気が下り坂で時おり吹雪模様に変わった。一息いれて午後七時からの

歓迎の演奏をする市民の４重奏団

市民集会場まで車で向った。

会場に着いておや！　と思った。まさか会場を間違えるわけもないしと思った。それは正面の舞台で弦楽奏団の人々が、演奏の準備中だったのだ。会長のアニーさんが、私達を歓迎する為に地元の音楽家が演奏してくれるのだと教えてくれた。

会場には七十名程の市民がつめかけていた。演奏団の四重奏を聞き、とても嬉しかった。そして私達の講演がはじまった。熱心に聞いてくれた。署名も集まった。

九時半、強い風の中を平和ホテルに戻った。早速に歓迎のパーティーを開いてくれた。アニーさんをはじめ、息子のトルストンさんと、叔父さん、それに友人がギターを持って歌い、そして演奏してくれた。初めてウォッ

喜んで署名する生徒達

力もご馳走になった。話は核を中心にした平和の問題、そして今スウェーデンがかかえている諸問題だった。話の中で特に印象深かったのは、日本の政治・経済、そして平和運動についてよく知っていること、そして私達の訪問はスウェーデン国民にとって極めて重要な意義を持っていると発言されたことだった。「スウェーデンでは核をめぐる情勢の認識が核の均衡、抑止と言う考えにとどまっていて、やっとこれではだめなんだと言う考えが出はじめたところなんだが、今はあなた達が語ってくれたことによって、これから何をすべきかと言う運動の方向を具体的に示してくれたことだ」と言うことで、私達の訪問の意図を的確に把握してくれたのだった。私は話したかいがあったと嬉しさがこみ上げてきた。午前一時近くまで様々の問題について交流ができた。ただ私の場合通訳がないとだめなので不便さをつくづくと感じた。

翌朝はホラウエー高校での講演だった。朝食中にアニー夫人から、実は朝七時のテレビで生放送したいのでと申し入れがあったが、夕べ遅かったし、九時には高校での講演を考えことわったと聞かされた。高校では八十名くらいの生徒集団で二回話をした。朝刊で二社が報道していたので、生徒の関心も高かった。四月二十一日文化祭（平和祭）があるので写真パネルを展示したいと言って購入の申し入れがあった程、生徒はいきいきして一人が何枚もの署名用紙を要求してくれた。（今原水協本部にこれらの署名が続々と送られて来ている）

十一時四十分発の列車でソルエスボリーに向う。

スウェーデンの最南端ソルエスボリー

四時間の旅、スウェーデンの南端ソルエスボリー駅に到着。すばらしい体格で、てきぱきとした、いかにも活動家と見てとれるビィベェカー婦人が迎えに来ていた。ボンゴ車で彼女の家に向う。既に夕食の用意がされていた。おいしいと言われて出された貝、エビ、玉ねぎ等をグラタン風に焼き上げた料理、ことば通りとてもおいしかった。ウーラ君、ジョン君、エルナちゃん、アニーちゃん四人の子供はかわいくて、団長が思わず抱き上げる程だった。ご主人のウィリー氏も活動家だった。子ぼんのうらしく、子供達の部屋や作品をたくさん見せてくれた。宿泊するホテルに立寄って夜の集会の会場に向った。報道陣が三社も来ていて、インタビューや写真撮影が忙しかった。会場には万国旗が飾られ百人近い人々が集まった。どこの会場でもそうだが極めて関心が高く、被爆者のかかえている問題や、平和運動についての質問や意見があいついだ。

さすがに少々疲れを感じた。午後十一時ホテルに着いた。今までの私達の取り組みについて総括し、話に何を加えるべきか等を確認しあった。団長達は日本への第二次報告の内容を整理していたが私は先に就寝させてもらった。十二時を過ぎていた。

翌二十七日（金）ビィベェカー婦人が迎えに来た。九時からのフルルンド高校に向う。この学校の講堂はすばらしかった(施設)。ここでも二回講演をした。生徒の態度が活気にあふれ、まじめな聴取に、私の心は晴れ晴れとした。

十二時発の列車でポールベリーに向う。週末の為か列車は満員の状態だった。

横なぐりの暴風雨の中三十人もの市民が集まった。

午後四時半暴風雨のポールベリー市に着いた。会長の医者であるフレミング氏が出迎えてくれた。早速レストランで豪華な夕食を馳走になった。私は胃の具合を考慮して魚料理にしたが、目の前で運搬車にある炉の上で、ブランデーを使って焼き上げる本格的なステーキは極めて魅力的だった。朝戸さんはこれですっかり酔っぱらったようだった。

悪天候にもかかわらず三十人もの人が集まった。ここでの質問は日本の政治問題が多かった。とても重要で簡単な応答では消化できず、アン＝エリスさん宅で引き続き交流がなされた。被爆者の定義から始まり、被爆者に対するアメリカの援助について、朝鮮人の被爆者の取り扱いについて、核兵器廃絶のプロセス、日本の原水爆禁止運動と他の平和や国民要求運動とのかかわり等々、するどい質問や意見が次々とだされ、時間のたつのも忘れさせる程で十一時迄続いた。ホテルに着き、今日交流したことの総括をおえて就寝。私達も多少興奮した。

フレミング氏や記者との夕食懇談会

暴風雨の中かけつけ署名する市民

ハンセン牧師の通訳がすばらしかったフォルシュピング

二十八日（土）、再び列車でフォルシュピングまで三時間の旅、風雨の続く駅頭に十二時に着いた。活動家のピア婦人達が出迎えてくれた。早速岡の上にあるピア婦人の御主人の経営するレストランに向った。市会議員のエリクセン氏による歓迎昼食会で、五、六人の活動家達が待っていた。

食事をとりながら、核廃絶の重要性について話がはずんだ。午後二時の市民集会には七十名の人々が参加した。通訳はハンセン牧師がしてくれた。氏は日本に十一年間も牧師として滞在していたそうで、その日本語は私達よりも上手と言うくらいうまかった。今は国の本部でアジアを主とした国際部の担当責任者をしておられるそうで、日本語から直接スウェーデン語に訳されるので、とてもスピーデーで話もじゅうぶん行きとどいた。質問の多くは被爆者の実情に集中した。四十二年たった今日いまなお苦しんでいる被爆者の様子を知り、核戦争阻止の重要性をひしひしと感じ取ったようで、最後には、ハンセン師の音頭でみんな輪になって平和の歌をうたった。とても感動的だった。夜はＳＰＡＳの活動家のところで夕食をとりながらの交流会がもたれた。魚を主体にした重厚なスープがとてもうまかった。ハンセン牧師の直接通訳はここでもその力を発揮し、話は極めて高度な問題までに及んだ。教訓的だったのは、被爆国日本でなぜ反核、平和に徹した革新的政権ができないのか、日本の平和運動はかなり広範で高い水準にあると思うが、それが政治に反映されないのは何故か理解できない。日本の野党の存在価値が問われるべきでないのか。平和運動と政治の関係は明確なのか、その追求のしかたが不じゅうぶんでないいか。特にイタリア人の活動家の質問は厳しかった。果物をたべ、お茶を飲み、四時間に及ぶ交流は私達にたくさんの教訓を与えてくれたと思う。それにしてもハンセン牧師にはあらためて感謝したい。

輪になって平和の歌を唄う市民、手前右端ハンセン牧師

ハンセン牧師や活動家と夕食をしながらの討論会

スウェーデン第二の都市ヨーテボリー

三月二十九日（日）、最後の遊説地、前議長トーマス氏の住むヨーテボリー市に午後一時に着いた。駅には勿論トーマス氏がきていた。昼食の希望を聞かれ、久しく麺類に接していなかったので、スパゲティーが食べたいと言うと、中国人のやっている専門店に案内してくれた。とてもうまかった。三時図書館で開催の市民集会に出向いた。日曜だったせいか五十名程の市民が待っていた。ここでの質問の内容も高度だった。被爆者に関するものの外、日本での原水禁運動の意義について、そして今後の展望、アピール署名の使い方、核固執勢力を孤立させる為の闘いと世界的統一戦線に関して、そしてその展望、等。

原水爆禁止世界大会のスライドを映写したが、強い感動を与えた様で、大きな拍手が鳴りひびい

ヨーテボリーの丘でトーマス氏と共に写す

た。翌朝の新聞ではこの集会の模様を中心に日本原水協の運動をほめたたえた記事が報道されていた。

エリザベス婦人宅で夕食会をもった。ここの魚のスープも美味だった。日本の軍事費一％突

ヨーテボリーに住むトーマス前議長他が提案し、次回から原水禁大会に代表が来るようになった

ヨーテボリー図書館での講演

破の意図、売上税と軍事費、これに対する運動等昼間の集会の続きで交流がなされた。又SPASの今提起している運動についての説明もでた。それは兵器輸出止めさせ、平和産業への切

エリザベス婦人宅に集まった活動家

駅前の商店街で

換え、原子力発電所廃止運動、北欧五ヶ国の非核地帯設置等であった。

団長はトーマス氏宅に宿泊し、殆ど徹夜で核兵器廃絶の緊急かつ重要性について、日本の平和運動についての日本原水協の歴史と伝統を踏えた活動とその役割、日本の平和運動のネックになっているもの、等について話しあいを持ち、トーマス氏はじゅうぶんの理解を得、完全に意見の一致をみることができ、氏からもこの意見を全SPASのものとする為に奮闘すると約束してくれた。団長と朝戸さんのご苦労に心から敬意を表したい。私と蟹沢氏は通訳をしてくれたブリート氏婦人宅で泊った。

スウェーデン最後の日　再びソルナの会員とともに

ヨーテボリーで予定していた高校での講演は都合で中止になった。私達はこの為予約の列車をキャンセルして早く立った。五時間の汽車旅、みんなで相談してファーストクラスで帰ることにした。さすがである。広い車内は片側二人掛け、片側は広いテーブルの付いた一人掛けで、乗客の中には書類を広げて仕事をしている人もいた。列車は殆んどゆれないので、これなら書きものもじゅうぶんだ。家族室（向い合いの八人掛け）が空いていたので、ここにも座って見た。誠に快適そのものである。食堂車にも行った。ゆれがないので飲み物に気づかうこともない。本当に快適な旅だった。ストックホルム到着の時間が早まったので、迎えが来る迄、商店街やデパートに入った。私が買い物で、どれにしようかと迷っていた時、五十歳くらいの男性が私のそばに立っていたが、私が最初買おうとして取り止めた物を持ってカウンターに行った。そしてちょうどカウンターに行った私に、これをプレゼントしますと言って私に渡すと、さっさと行ってしまった。あっけに取られた私が、あわてて朝戸さんを呼んでいるうちに彼の姿は人ごみの中でもうみつけることができなかった。朝戸さんが、安井さんが被爆者と言うことを報道で知っていて、どうしてもあなたにプレゼントしたかったに違いない、でもお礼を言えなくて残念と言いながら、私ともども訪問の成果が目に見えて、思わず手を取り合って喜んだ。

マーチン氏が迎えに来た。映画に関する用件と、お礼の為再びSPAS本部に出向いた。議長達は留守だった。マーチン氏からSPASのTシャツやバッチ等をいただいた。マーチン氏を残して、キャロリンとアンナ・コリンの両高校生の案内で旧市街の商店街を回った。ストックホルムの地下鉄もこの時利用した。料金は一区間日本円で二十円二区間だったので四十円だが六十歳以上半額なので二十円で済んだ。料金の安さもさることながら、なんと一時間以内だと何度でも乗り降り出来る。切符には発買時間が入っていて、降りる時は切符を受取る人も居ない。乗る時だけ切符を見せると言うことで、随分と感心させられた。電車は列車と同じように向い合わせの四人掛け、つり皮は一つもない。立って乗ることを前提にしていない証拠で、

再びキャロリン家に集まりスライドを見る会員

電車は二分置きくらいに来るのでなる程と思った。

夜はお別れ晩餐会、歓迎会と同じメンバーがキャロリン家に集まった。メニューも豪華で珍しい焼きパン各種とニシンの酢漬が、スパイスを変えて五種類程、それに、ソーセージ料理、その他盛りたくさんで、それこそ満腹しちゃった。会食中、高校生の連中が入れ替わり出入りするのでおやっと思ったのだったが、私達にプレゼントするアルバムを作成中だったようで帰りに、独特のセンベイのようなパンと、ニシンの油漬けの缶詰のお土産と、アルバムを贈られた。ソルナで過ごした日の思い出、地図、新聞の切り抜き、それに連中一人ひとりの顔写真とアドレス、心のこもった贈り物に、私は嬉しさと別れの悲しさの為に涙を止めることができなかった。夜更けの玄関で誰もが別れを惜しんで帰途につこうとしなかった。一人ひとりと固く抱きあって別れを告げた。私と朝戸さんは、タケ君の家に泊った。

翌朝三十一日午前六時半、リズ婦人の運転するボンゴ車で空港へ向った。何んだか頭が空虚だった。任務を終えた安堵と、昨夜の劇的だった雰囲気が今だにぬけなかった。八時四十分、ストックホルム、アトランダ空港をあとにした。

日本の地に、一日でも早く非核と民主の政府を樹てよう！

又十八時間の空の旅、機内を暗くされても私は眠れなかった。ＳＰＡＳの幹部が口々に言ったことばがよみがえった。「今まで随分多くの集会を持ったが、こんなに多くの市民が集まったのは始めてです。核廃絶への関心が高まったのはあなた達のお陰です。世界の人々と手をつないで頑張ります」。心から良かったと思った。まだまだ言い足りないことが多くて英語を話せない自分を情けなく思った。スウェーデンの高校生はみんな英語を話せる。言語学的差違はあっても、日本の生徒の英語学習のおくれを感じた。

ここで書き忘れた事をつけ加えよう。まず教育と高校生について。

スウェーデンの高校は総合制でミニ大学と言えるほど学科が多い。哲学、社会科学、英語は必修だが、独・仏語もあると言う。もちろん、平和教育も。そんなせいかどうかは確かめられ

スウェーデンの平和をになうSPASの若者達

なかったが、大学へ行く者は特別に研究目的を持つ者しか行かないそうだ。生徒達はしっかりしていると感じた。喫煙は禁止されていないので、学校にも喫煙室があった。でもどの地でも高校生の喫煙の姿を見ることができなかった。聞いて見ると、「我々はまだ成長期にある。成長期にとってタバコの害は大きい。だから殆どの生徒はタバコは吸いません」ときっぱりした語調で話してくれた。文教政策がしっかりしていて民主教育が行われると彼等の考えもしっかり成長するのだと思った。

次に民主主義について感じたこと。人権の尊重はそうとうなものだ。市長の招待には高校生も同席したが、差別的なところは何一つなく全く一人間として対応されているには驚いた。小学生から政党の青少年部に所属するのが認められている。ビスビイ市では平和少年団（小学生の集まり）があり、独自の活動をしているが、市長はこの少年達の為に事務所を無償提供している。これにも驚いた。最も大事な事は、国民世論を重視していることで、政府や議会も世論を無視して重大事を決めることはない。中立国になる時も、自国で核保有をしようとした時も、世論が大きく過半数を上まわってない場合は待つと言う姿勢、もちろん世論の反対が多ければとりやめると言う、まさに民主主義そのものを地で行っている感じだ。だからこそ日本でアピール署名が国民の過半数に近いと聞いて、どうして政治に反映されないのか理解できないと言う彼等の主張はうなずけるわけである。情報公開はもちろん、政府が率先して実施しているとのこと。日本とは何か雲泥の差があると思った。日本でも早く民主主義と非核の政府を樹立し、国民本位の真の自由を獲得しなければとつくづく感じた。共に頑張ろう！

おわりに……

思いつくままに、書きなぐったと言う感じで申し訳ありません。まだいくつか書かなければとも思いましたが、又スウェーデンの良いところばかり書きましたが、事実良いところしか目につかなかったと言うことです。本当に皆さまの支援のおかげで行ってこれた訳でこの紙面を借りて心からの感謝を述べさせて頂きます。

二、ＳＳＤⅢ

一九八八年には、ＳＳＤⅢに参加し、二週間ニューヨークに滞在、持参した原爆の火贈呈セレモニーの役、各国大使館訪問し、核兵器廃絶の要請行動、平和団体との交流、街頭での署名行動、教会、国連学校生徒会等での実相普及、最終行事の国連本部前からブロードウェイを独占してのセントラルパークまでの二十万人の大行進は参加者全員の心を一つにした筆舌に尽くし難いフィナーレであった。

被爆者としての訴え

国連学校の生徒会長に訴える

20 万人の大行進の先頭を行く

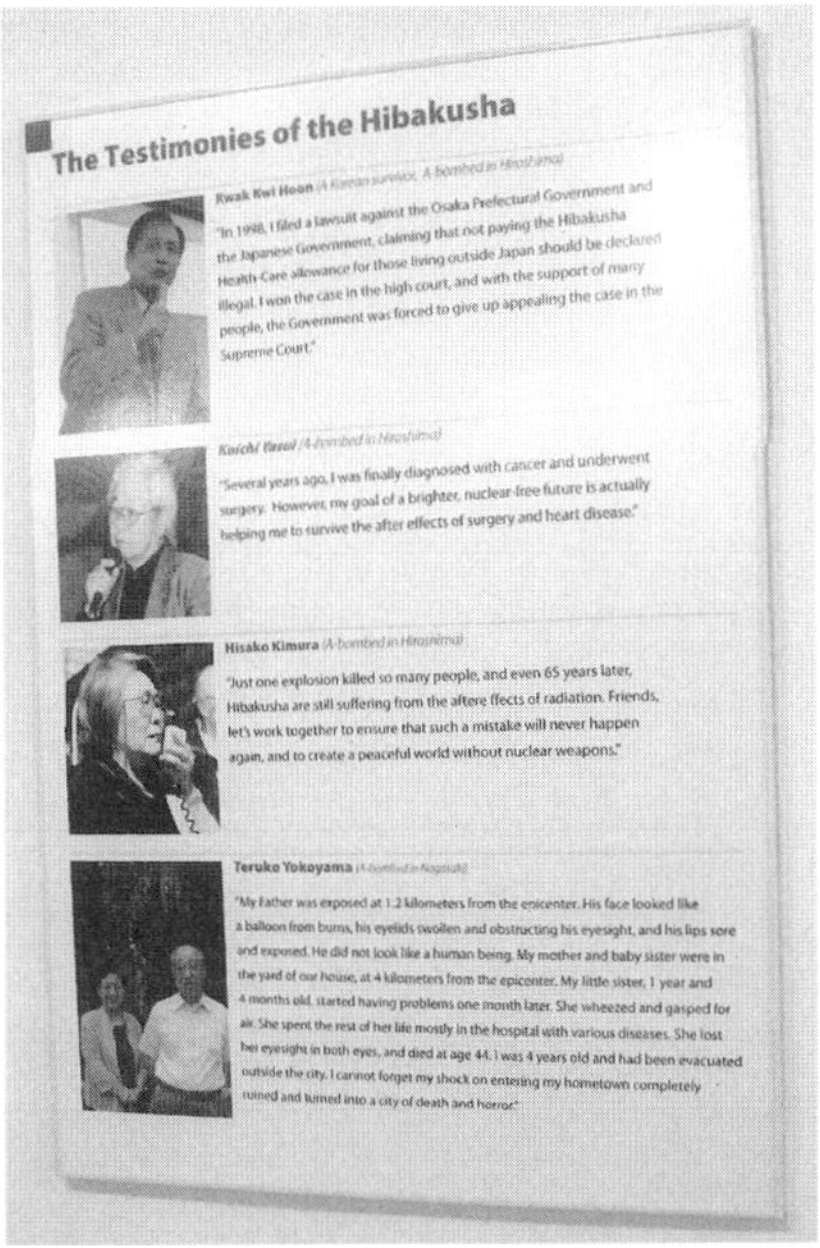

2010年　NPT再検討会議開催中、国連ロビー展示の原爆パネルにある筆者

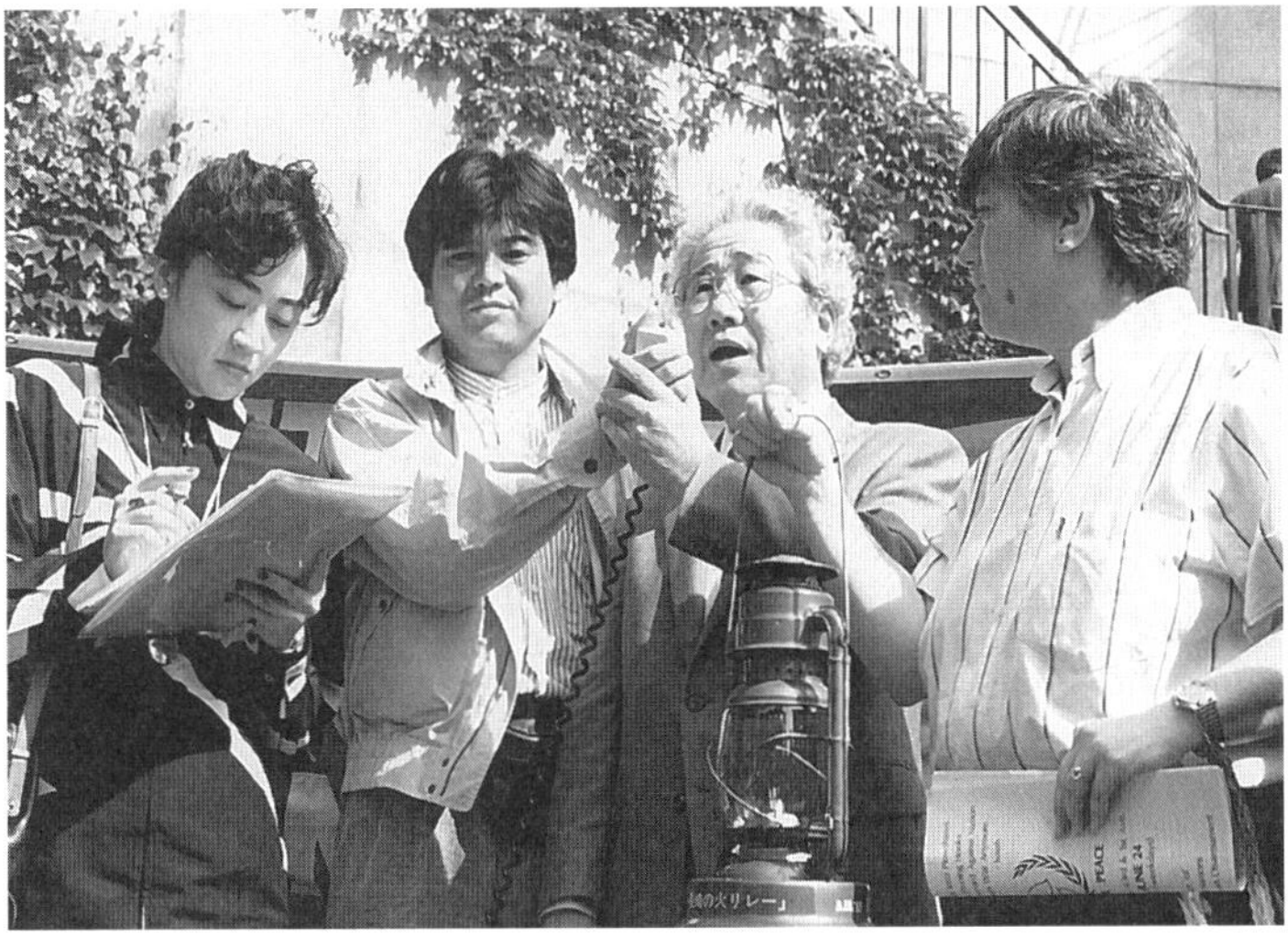

国連前イザヤの碑前で原爆の火の贈呈

三、一九九五年六月、スミソニアン航空宇宙博物館の、原爆投下機エノラゲイの模型展示に反対・抗議の行動報告

(一) 出発にあたって

一九九五年六月、スミソニアン航空宇宙博物館が企画した　①太平洋戦争の歴史的背景　②原爆投下は必要だったか　③原爆被害の悲惨を示す内容　④戦争末期の日本の窮乏生活の実情等、戦後五十年を契機に「平和を考える」展示内容が、米退役軍人会の圧力・米上院の企画変更、又は中止要求により突如開催が延期され、結果的に、エノラ・ゲイの機体展示にすり替えられ、原爆投下の正当化を鼓舞するものとなった。日本被団協は、これに抗議すると共にアメリカ平和団体と連携して『被爆の実相普及代表団』を展示開始の六月十四日の前後を日程として派遣を決定し、米平和団体との連携の準備をすすめ、日本被団協事務局次長・国際部委員長の小西　悟氏を団長として団員四名編成で六月七日〜二十日間、ワシントン・ハートフォード・マサチューセット・ニューヨーク・フィラデルフィヤなどでの遊説活動を続け、六月十四日のオープニング行動計画にも万全を期してきたが、突如理由の説明も無く六月二十八日に変更された。米平和団体連合から残留の要請があったが、代表団の一週間もの滞在延長は困難で

あり、小西団長も八月原水禁大会での国際シンポジウムの任務もあり、二十八日までに代人を派遣することにして帰国したが被団協事務局の支持を得られず、米国団体との共同闘争と言う性格の重要性からして小西氏からの渡米要請を理解し、渡米してアメリカ国民・アメリカ平和団体との一層の連携強化の為に㈳北海道被団協の一員として活動を決意した。尚、出発に先立ちアメリカ平和団体連合のジョー・ベッカー氏から私宛てに要請文書を戴いた。（末尾に資料）

（二）日程

一九九五年六月二十五日〜七月四日

（三）受け入れ団体

☆九五年エノラ・ゲイ展示抗議連合
☆ピース・アクション
☆ＦＯＲ（友愛会）
☆アメリカ・フレンズ奉仕委員会
☆ヒロシマ・ナガサキ平和委員会
☆ニューヨーク戦争低抗者同盟
☆バックス・クリスティ
☆平和と正義の為の動員

(四) 活動日誌

*六月二十五日

札幌を出発、六月二十六日十二時十分、ワシントン・ダレス空港着、暫くぶりの長距離飛行や、これからの任務など、あれこれと頭の中を往来し、機内では三時間ほどしか眠れなかった。ダレス空港上空は雲が厚く、何となく心配だったが無事着陸。入国手続きも簡単に終り出口に向った。私の名前を書いた紙を掲げているとのことだったが、見当たらない。とにかく出ようと思って歩いた途端、「ハロー」と大声で進み出てきた男性、よく見ると長身のトマス・スミス氏だった。暫くぶりの出会いでびっくりしながらも、堅い握手を交わした。彼から紹介されたのは、通訳をしてくれる事になっていた佐藤ゆきさんでした。ゆきさんが言うには「トマスが、Ｍｒヤスイはよくしっている。紙はいらない」と言うので掲げなかったが、見事見つけてくれた、とゆきさんは、びっくりしていた。

彼の車に乗って、予約してある宿泊場所のホテルに着いた。ここはユースホステルで、五名の合部屋で部屋の鍵はないが、各自に玄関の鍵は渡すと言って鍵を出した。宿泊料は三泊で七十五ドルと言う事で安かった。しかし、言葉のしらない私にとっては合部屋でもあり、大きな不安を感じ、この事をゆきさんに話したところ、もっともと言う事でここはキャンセルした。別の安いホテルを急きょ探したが、各地からスミソニアン見学などでワシントンのホテルは混み合っていて、安いホテルは早急に探すのは困難だった。やむなく、スミソニアンに近いホテルにした。たいしたホテルではないのに、一泊百四十八ドルだったが、安いところが見つかるまでと言う事で三泊頼んだ。

宿泊先がきまったので、ゆきさんは早速西崎文子さん、山崎美和さん、前川たまみさん（ゆきさんと同じアパートに住み最近平和運動に関心を持っている人）に連絡し急いで学校に行った。三人と落合先で行動計画を確認した。ゆきさんは期末試験の為二十六日〜二十八日まで私につけないので、この間は、西崎さんが責任を持つと言う事になった。二十七日と二十八日の朝はバックス・クリスティーのワシントン支部の専従書記をしているトリシヤさんが車があるので八時三十分に迎えに来ることになり、だいたい連絡が済んだ。皆忙しい人なのでゆっくりも出来ず、簡単な食事後散会し、前川さんが私をホテルまで送ってくれ、お茶を飲みながら、核・平和運動・戦争責任などについて遅くまで話し合った。

＊六月二十七日

朝食はホテルのレストランで食べた。なにしろメニューを見てもさっぱり解らず、読めたフレンチトーストと卵にした。十四ドル六十五セントでびっくりした。食べ終ってゆっくりメニューを研究し、トーストとハウスサラダが安くて適当と判断出来た。

展示室入口の抗議幕

記者団への訴え

空は厚い雲がかかっていたが雨にはならなかった。今日は、マスコミ関係者のみに展示室が公開される事になっていた。予定の時刻にトリシヤさんとゆきさんが迎えにきた。スミソニアンでの記者会見は十一時からと言う事で、ゆきさんはすぐ学校へ行ったが、各平和団体の方々は、抗議の幕を何枚も用意するなど準備の為忙しく立ち働いていた。記者団が会館から出てきた時には、表面入り口前には、抗議声明発表の為の演台も備え付けられ、マスコミ関係のマイクが所狭しと並んでとり付けられ、記者やカメラマンに取り囲まれている中で「九十五コアリション」の議長であるＦＯＲ（友愛会）代表のジョー・ベッカーさんが、核固執勢力を震撼させる素晴らしい声明を読み上げ出した。この時、突然大粒のにわか雨が降り出したが、整然と続けられた。ベッカーさんに続いて、私が話した。内容は、小西氏がこの日の為に用意していた声明を基にした。（時間の都合もあり、途中は西崎さんに英訳文を読んで貰った)。私も通訳の西崎さんもびしょ濡れ、途中傘をさしてくれたような気がするが、緊張していてはっきりは解らない。降壇して後ろに下がった途端、記者団に取り囲まれ、様々の質問が

記者の質問に答える

殺到したが、私の話した内容の概要は　①戦後五十年の節目であり、アメリカ国民のみなさんの関心が集中しているこの期が平和の問題を皆さんと一緒に深く考えるチャンスと思いここに立たせてもらった事　②広島・長崎での、茸雲の下で人間はどのようになったか、その状況を知って貰うべく来た事　③この場で詳しく話す時間がないので、是非ホテルに連絡してほしい事　などを話した。スミソニアンの展示について感想を聞かれたが、私達は明日でないと見れない。十時の入場には来ているので、その時話したいと言う事でひとまずの会見を終えた。午後一時半頃だった。西崎さんは仕事と着替えもあるので、夜の集会には来ると言って帰られた。丁度ゆきさんが来て、三時まで時間があると言うので昼食

夜の講演会で話す

を付き合ってもらった。デパートの食堂街と言ったらよいのかとてつもなく広い空間を持ち、中央部には四角や丸のテーブルが何十セットと用意され、周囲は各国自慢の料理店が百軒くらい並んでいて、各自好みの品を買い求めてホールのあちこちにあるテーブルで食べるようになっている。私達はマレーシャ風のカレーを食べたのだが、量が多くて食べきれなかった。食べながら午前中の会見の模様をゆきさんに報告していたが、ゆきさんの時間が来たので、ホテルへの道を教えて貰い、別れた。

夜の講演会は七時から教会に付属している大きな講堂で行われる事になっていた。さすがに疲れを感じ、ベッドの上に横になった。通訳してくれる黒子さんから電話があり、六時頃そちらに行くとの事だった。五時半頃彼女がきた。トリシヤさんが迎えに来る事になっていたので、レストランでコーヒーを飲みながら、彼女が北大の水産学部を出た事が判り、北海道の事などを話していたが、トリシヤさんが来たので会場に向った。会場には既に平和団体の方々などかなりの人が来ていた。この集会では、著名な歴史学者で「原爆の投下ははたして必要だっ

一緒に講演したアルベロビッツ氏

たか」と国民に問い掛けているガー・アルベロビッツ氏の講演と私の体験を話す事になってい
た。彼の講演の内容は、原爆投下に至る前後の歴史的事実を中心にしていた。西崎さんが翻訳
しその概要を次々と渡してくれるので、私もその内容を掴むことができた。私の話は、記者会
見での概要と被爆の実相を予定していたが、ふとアルベロビッツ氏の話に関連づけた実相の方
がよいのではと思い、西崎さんに相談したところ、できればその方が今日の聴衆にあっている
かもしれないと賛成してくれたので変更した。内容は、①原爆投下数日前からの米空軍機の行
動＝毎日朝八時前後に広島上空の通過を繰り返していた。この為広島管区防空関係者には爆撃
は無く通過だけと言う概念を与えたこと。そんな事もあって、まだ爆音が聞こえているうちで
も空襲・警戒の警報解除があった。又最も多くの市民の戸外へ出る時間帯の調査＝原爆の人間
に与える実験の為　②こうした米軍の目的
達成により当日の死者の六五％が子供・女
性・老人であり、その死に様等　③被爆者
の運動の原点として日本被団協設立時の世
界への訴え。結びとしてアルベロビッツ氏
の主張と私達の主張は一致している。一緒
に核兵器の廃絶の為の文化を作る為に、歴

史的事実と被爆の実相を広めることは、反核運動にとって車の両輪であり、いかに実践を深めるかが私達の課題である。これらを要点的に述べた。自分で言うのもおかしいが、ジョン氏や西崎さん、赤旗ワシントン支局の山崎記者から、本日の講演会に相応しい良いスピーチだったとの感想を戴いた。それにしても原稿無しの話を通訳してくれた西崎さんは、大変だったろうと感謝している。講演会が終って、スミソニアン展示抗議行動連合の活動家達は、明日の行動の内容と役割分担の再確認の会議を持った。私は失礼して、先に帰えらせて貰った。トリシヤさんが送ってくれた。十時半ホテルに着いた。ホテルの近くの店で、干しパンと甘口のウイスキーを買って、部屋で楽しんだ。

＊六月二十八日

八時半ころトリシヤさんが迎えに来てくれた。スミソニアンに着くと、まだ開館まで一時間近くあると言うのに長いながい来館者の立ち並ぶ列に、関心の深さを感じた。正面玄関前には二・五m×二mの縦形の看板に広島・長崎の被爆写真が、Ｎｏ・Ｍｏｒｅ・Ｈｉｒｏｓｈｉｍａｓの文字と共に上手にレイアウトされて張り付けられ、二人がこれを支え、昨日と同じように何枚ものアピールの幕がそれぞれの手によって持たれている。数人のチラシ班が、三枚程にまとめたチラシを一人ひとりに手渡している。西崎さんと私も列に加わり中に入った。中央のホールはごった返しの状態だった。展示室はホールの右側だったが階段の裏側にゲートが作られ、入場者の持ち物のチェックをしているので、そこを通過するのに時間が掛かり混雑しているのだった。抗議行動連合の館内宣伝班は、階段の踊り場から数本のアピールの垂れ幕を下げ、チェックを待つ人々に呼び掛けている。又、原爆のパネルを胸にした十五名は入り口まで並んで、短い言葉でアピールしている。彼等の行動に胸を熱くしながら、やっとチェックをおえて室内に入った。初めにある展示は、テニアン飛行隊の様子や隊員を紹介する物ばかりだった。この通路を抜けると、広いホールの中にジュラルミン製の爆撃機エノラゲイの復元された前部（翼はない）の巨大な姿が飾られていた。私には、なんとも言えない複雑な気持が体中を駆け巡り、やがて広島のあの茸雲の下での惨状が走馬灯のように次々と胸に突き刺さり、もはやこの化け物の姿の前にとどまる事を許さなかった。出口近くに貼られていた唯一つ原爆ドームの写真を、まともに見ることができなかった。アメリカは、確かにあの戦争の勝利国である。勝利の象徴として、原爆投下の立て役者であるエノラゲイを展示する権利はあるかもしれない。しかし、歴史はいま原爆投下の正当性を否定しつつあるその事実にこそ目を向けてほしい。自ら、人道主義・民主主義・愛と正義を立国の根幹としている国なればこそ、原爆の投下がもたらしたものが何かを、国民に知らせるべきだ。この五十年間の悲劇を。

玄関を出た私に、多くの記者達が待っていた。私は、館内での私の偽らざる感想を率直に述

平和の祈りに参加

べた。ＫＲ放送のマリー・オットーと言う女性記者から貴方の話を別番組で放送したいので訪問してもっとじっくり聞きたいとの申し入れがあった。

館内で垂れ幕を担当していた班が警察に拘禁されたと言うが、誰も慌てた様子は無かった。正面玄関前には「平和の祈り」の集金の準備ができ、真ん中に置かれた台の上に二つの小鉢が用意され、台を囲んで大きな丸い人々の輪の中で、展示抗議連合の人達による祈りの言葉が厳かにながれ、儀式が始められた。輪の中の活動家達は、互いに向い合っている二人が台の前に進み出て、小鉢の中にある灰とオリーブ油を相手の顔につけあっての祈りが、次から次へと続いて行く。輪の中に参加していた私も、進み出て原爆死没者にたいして、核兵器の廃絶を誓った。かなりの参観者が、静かに見守っている中で儀式は終った。

警察に拘禁された五人は、罰金を支払って帰ってきていた。彼等の中には、ニューヨークから参加している人達もいて、これから食事にピザを食べに行くので一緒に行こうと誘われた。勿論私も西崎さんも同意したのだが、私は向い側の袖付きのテントで行っていた宣伝班の状況を見たいと西崎さんに言うと、その旨を伝えピザ店の場所を聞いてくれた。向い側のテントの中では、パネル写真が貼られ更にビデオが備え付けられ、『つるにのって』の上映と『あの日の証言』の紙芝居も用意され、渡したチラシを見てかなりの人が訪れたと言っていた。労をねぎらい、彼達のいる店に向った。

店に着くと、彼等はビールとピザをまえににぎやかに談笑していた。私の隣にいる青年は、今日が始めて平和行動に参加したと興奮気味に話しかけてくれた。そして、私が「平和の祈り」に参加したことの驚きの中で、核兵器廃絶の運動は世界中の人々が一緒にやれる運動である事が解ったし、又そうあらねばならないと確信が持てたと言って、私に握手を求めてきた。警察への拘禁について、大変だったろうとねぎらいの言葉をかけると、僕らの行動は早くからきめられていて、館内では出来ない事も知っていて、出来るだけ長く行動する為に作戦も練られていた。まず ①気付いた守衛が禁止するよう要求してきたら、すぐに同意せず班長が守衛の責任者と出来るだけ長く交渉して時間を稼ぐ事 ②最終的に話がつかない時、警察に連絡するだろう。警察がくるまでの時間をも計算していたと言うのには驚かされた。今日の各班の行動は事前の綿密な行動計画に基づくものだった事を知って、頭の下がる思いだった。今日私に会え

ニューヨークから来た行動隊

た記念のプレゼントと言って、班長の着ていたTシャツをわざわざ脱いで渡してくれた。店の前で記念写真を写して別れた。十時にホテルに着いた。

＊六月二十九日

佐藤ゆきさんが苦労して探してきてくれた安いホテルに引っ越しする日だった。美和さんが案内を引き受けてくれ、余り遠くないので、ゆっくり歩いて行きましょうと言う事で出かけた。大きなホテルでは無かったが、簡単な朝食がついて一泊九十ドルと言うので大いに助かった。ホテルのレストランで昼食をご馳走になった。美和さんが帰られた後、少々疲れていたので夜の行動まで横になった。

十九時にジョン・スタインバック（ワシントン広島・長崎平和委員会）の事務所に行く事になっていたので、十八時頃ジョンが車で迎えに来てくれた。事務所には既に役員達十二名が集まっていた。通訳は黒子さんが担当してくれた。最初に会議がもたれ、スミソニアンの展示から外された広島・長崎の惨状を伝える写真などをどのようにして市民に見せるかに関する場所と日時の問題。十日のアメリカン大学で、被爆地の市長を迎えての講演会とどう関連させるか、グリンピースの船についてどうするか。こうした議題の討議のあと、私への質問を中心にした学習会が始まった。その主なものは①なぜ被爆者は、病気や高齢と言う悪条件にもかかわらず、平和の為の活動を続けているのか＝日本被団協創立で述べている『再び被爆者を地球上の誰にも作らせてはいけない』その為、日本政府の責任の明確化の証しとして国家補償と核兵器廃絶の先頭に立つ事を求め、同時に被爆者は自らの被爆の体験を世界にむけて語り、核兵器の廃絶を求める諸団体と協力して運動することを誓いとしている事　②北海道に住む被爆者の状況について＝道民達の力を得て、民間で初めての原爆資料館を建設して、次世代を担う若者達の学習の場とすると共に被爆者運動と援護活動のセンターを作った事　③私の被爆体験と運動のあらまし＝記述省略。私の方から補足として、被爆後広島・長崎での生活が困難の為（差別・偏見や働くところが無い等）、北海道に入植してきた人々の苦労の人生に関して発言した。ジョンから閉会の時間がきたが、少し延長してはの提案があり了承された。引き続き私から皆様が使っている被爆写真は、殆どが被爆地に人が入れる状態になってから、写真家達が写したものである三〜四日後のもので、原爆投下直後の写真は無く、被爆者達の茸雲の下での惨状を描いた絵（へたなものだが）、これと、被爆者の実相証言だけが原爆死の真実の姿を伝えるものので、こうした資料をできるだけ届けるよう努力したい旨を伝えた。

参加していた方々から、我々にこれからの運動にとって貴重な話だったと感謝された。又役員の中に、隣のバージニアのジョージ・メーソン州立大学の平和研究所の教授をしているリンダ・バーロンさんから、大学からも国際シンポジウムに参加する予定になっているのが、予備的知識を得たいので充分な時間は取れないと思うが是非来てほしいとの要請があり、了承した。ジョンが、少し整理の仕事があると言うので、黒子さんが送ってくれた。途中、中華料理店で夕食をご馳走になった。十一時過ぎホテルに帰った。

＊六月三十日

今日から佐藤ゆきさんが、全面的に通訳してくれる。

朝九時、ジョンが車でゆきさんと一緒に来た。リトル・フレンド・フォア・ピースの会のサマーキャンプに十一時までに来てほしいとの要請を受けているとのことでホテルを出た。キャンプ活動は、郊外の大きな学校の図書室で行われていた。驚いた事に二十人程の小学校の子供達が、鳩の形に切り取った五～六十㎝四方くらいのパネルに、思い思いのデザインでピースとラブの文字を中心に、それぞれの平和に寄せる願いを描いていたものを各自が持っていた。色とりどりで年齢に応じたカラフルなパネルだった。私の紹介があり、原爆の威力とその為に死んでいった子供達の悲惨な状況を話した。子供達は目を見開いて身動きもせずにきいてくれた。たくさんの質問が寄せられた。昼食のハンバーガーをたべ終って、各自がパネルを掲げながら緑の美しい芝生に立ち並んだ。指導している女の先生のアコーデオンの先導で子供達は歌を歌いながら敷地内をデモ行進した。私もその列に加わりながら、子供ながらの工夫された行動をともなう平和教育がなされている事に強い感動を覚えた。晴れ晴れとした気持で、別れを告げ子供達の手を振るなか、帰途に着いた。

リトル・フレンド・フォア・ピースの会の子供達

　ホテルに着くと、フロントから先程ロイター通信の方が訪ねてきましたが、まだ帰ってないと答えたら、「近所を散歩しています。又来る」との伝言が告げられた。ジョン夫妻は帰宅の予定を変更して残る事になった。ロビーで、ゆきさんやジョンとリトル・フレンドの素晴らしいキャンプなど話しながら休息してい

ロイター通信社の取材

たが、やがて背の高い女性の記者から突然だが是非取材させてほしいとの申し出があり、勿論承諾した。彼女の話す事には、実は散歩中にとても良い場所を見つけたので、申し訳ないが近くなので外で取材させてほしいと言うので同行した。

五～六分歩いたところに美しい公園があって、木陰には既にテレビカメラが設置されていた。ロイター通信と言うので新聞用記事の取材と思っていたのでびっくりした。ジョンが訳を尋ねたところ、八月の為に特別企画をしたので、その為のものとの事だった。取材の内容は、スミソニアンにおける展示に関して被爆者としての感想と見解に約三十分、そのあとは被爆の実相については深く突っ込んだ質問で、実相普及にはぴったりしていると内心喜びながら話した。ゆきさんがコピーを戴けないかと言うと、ＯＫと言う事で、これも良かったと思った。

ロイターの記者とはここで別れてホテルに戻ろうとしたところ見覚えのある女性が近づいてき

た。挨拶されて解ったのだが、二十七日・二十八日ともに熱心にメモを取り、後日ホテルに伺いたいと申し入れのあったKR放送のマリー・オットー記者だった。ジョン夫妻は帰宅すると言うので、公園の向いにある図書館の噴水の池のある広いロビーで話す事にした。彼女の局は全米むけのラジオ放送局で、三回程の連続放送として使うとの事で、一時間余りにわたって被爆時の細かい実相・現在の被爆者の生活・運動の中心課題についての熱心な質問だった。彼女の克明に記録している姿に、私自身感動した。ゆきさんは本当に疲れたろうと感謝しながら、あの大きな飲食専門会館に出向いて夕食を取り別れた。明日は午後一時ごろ迎えに来てもらい、ジョージ・メイソン大学へ行くことになっている。

＊七月一日

午後一時頃ジョン夫妻とゆきさんが迎えに来た。大学まではかなりの道程だったがハイウエイなのでかなりのスピードで走った。キャンパスはとても広く、案内所三箇所で次々と聞きながらやっとの事でたどり着いた。研究所の建物が予想より大きな立派なものだったので、見つけられずぐるぐる回っていたのだった。約束の時間より三十分も遅れた。事務所でリンダ・バーロン教授に面会を求めた。「教授は今会議中なのですが、とにかく連絡して見る」と言って会議室の方に行った。暫くして、ケビン・クレメンコ博士ら五人の教授が来てくれた。会議

ジョージ・メイソン大学での５人の教授との交流

を中断してきたので多くの時間は取れないと詫びながら、応接室風の部屋に案内してくれた。平和研究所は四年前に設立され、専門の教授と大学院生らが、それぞれの分野から平和に関して研究をしているとの事だった。早速私への質問が始まった。質問の大要は、核兵器に関する情勢に関してと国際シンポについての企画や内容についてだったが、これについては国連ＮＧＯからの要請にもとづき、現在国内ＮＧＯや被爆者が中心になって各団体に呼び掛けがなされ、実行委員会準備室が出来て企画されているところで、私は直接に関係していないので答えに報いられない事を詫びた。核問題について、核による人権破壊・環境破壊経済への影響などについて意見を交換した。又、核廃絶の展望と運動についての質問ではアピール署名や又様々な国民へのアピールがそれぞれ国民に合った形で世界レベルで取り組まれている事、原爆の製造・投下・実験の実態が歴史的に暴露されつつあり、これらが世界人民の力の結集へと前進しつつあり、核固執勢力への包囲網が大きくなって来ている事などを述べた。

教授らは、率直に興味を示してくれ、今日会合した意義を短い時間にもかかわらず感じ取ってくれたと思う。帰りには、今までの研究紀要などの冊子を戴いた。結局三十分以上話すことができた。研究所を出たのは五時頃で、途中郊外にあるバイキング方式の大きなレストランで食事をした。食事しながらジョンと日本原水協と原水禁との今までの論点や運動の相違を中心に話し合ったが、彼はかなりの知識を持っていて、特に原水禁世界大会のもつ世界的役割を高く評価していた。話の中で彼は原水禁に所属する知人もいるが、彼等の話を聞いているとうんざりすることが多く、彼等の存在や運動からは何も学ぶことはないと言う。なぜかと聞くと、彼等にはしっかりした運動の理論的根拠も無く、その場限りの感情だけで行動している。これでは真に反核・平和を願う多くの人々の信頼を得ることが出来ないからだ、と言明した。私も同感だと言って二人で堅く握手した。原水禁世界大会には、二年前に妻が行ったが私も是非行きたいと思っているが、八月には、我々は常に反核・平和の催しを持つので、今の所私が留守できるところまで行っていない。二年もすれば参加出来るだろう。会員は五百人近くいるが、昨日のように企画会議でもあれくらいの人数しか参加出来ない状態で、今の所大変であるとのことだった。

ジョンの家は郊外なので、地下鉄の始発駅まで送って貰いゆきさんとホテルに帰った。駅の近くで買ったワインを飲みながら十二時近くまで彼女のワシントンでの生活について聞いた。彼女が、ワシントンにいる意義は予想以上に大きなことが解った。平和団体の殆どが、ゆきさんを頼りにして活動していると言うのが実情で、特に情勢についての広報は大きいと思った。知識も多く、通訳の力はたいしたもので私達のように渡米するものは勿論のこと、ワシントンの活動家にとっては宝の存在のように思えた。

＊七月二日

今日は、郊外にある宗教者の平和団体の組織を訪問することになっていた。朝八時までに来てほしいとのことで、七時前に出発する予定だったが、ゆきさんも昨夜遅かったし、ジョンも毎日郊外の家から出てくるので疲れていたのだろう。ゆきさんは八時近く、ジョンも九時頃に来た。すっかり遅くなってしまったと言って先方に電話で連絡したところ、これからホテルを出るのであれば、行事の進行上都合つかない、と言うことで残念ながら訪問は中止になった。

ゆきさんは、「今日は休息日にしましょう。安井さんもワシントンを殆ど見ていないし」。ジョンも賛成なので、そう言う事に決定した。ゆきさんが、貴方のいってみたい所があれば案内しますと言うので、美術館を希望した。ゆきさんもみたいと思っていたと言うので都合良かった。国立美術館は世界的に有名なだけあって、十九〜二十世紀はじめの印象派の画家達の絵画はかなりあった。作品の数も多く、たっぷり二時間はかかった。ついでにと言う事で小さいので作品は少なかったがバラエティのある美術館にも寄った。その後山崎さんに連絡して、赤旗ワシントン支局の事務所をみせて貰った。ホワイトハウスやペンタゴンは！　と言われたが、胸につかえるような気がして、公園や町並みを見る事にした。日曜日と言う事もあり、ひっそりしていた。かえって町並みを見るには好都合だった。ゆったりした気持でコーヒーを飲んだり、公園のベンチに掛けて、今日までの活動を振り返って見た。山崎さんから夕食を一緒にと言われていたので、待ち合わせ時間に約束の地下鉄の出口に出向いたら間もなく美和さんが坊やを連れて、エスカレーターを上がってきた。イタリア料理店で夕食をご馳走になった。山崎さんとは、地下鉄駅でお別れした。ゆきさんには、「皆さんにと思い、つまらない物だが手土産を持ってきたのだが、チャンスが無く渡せなかったので、悪いがホテルに寄って持っていってほしい。そして貴方から適宜渡してほしい」と頼んだ。素晴らしい絵を見れた事もあって、少し疲れを感じたが、極めて楽しい一日を過ごさせて戴いた。

＊七月三日

いよいよ帰国の日が来た。ゆきさんには、私一人で空港に行けるから大丈夫と言ったのだが、心配だから送ると言ってホテルに来てくれた。空港行きバスターミナルまでは遠いのでタクシーを頼んだ。運転手がバス賃くらいで空港まで行くと言うので、空港へ直行した。お陰で予定よりだいぶ早く着くことが出来た。空港ビルの屋上で、原水禁大会の事などの話をしたが、「今年の国際シンポや大会の成果をワシントンの皆に伝えて頑張ります」と言う彼女の決意は、私を勇気づけてくれた。十一時五十分ダレス空港を後にした。

（結び）

今回のワシントンでの活動は、六月七日～六月二十日にわたる小西氏を団長とする訪米団の活動が基盤となっていて、特に小西団長の九十五コアリションとのきめ細かな連絡や打ち合せがあった為に、私のどの行動も戸惑う所も無くスムーズに運ぶことができ使命の一端を果たせたと思います。又どうじに、西崎さん（ニューヨークから来てくれた）、黒子さんの通訳、三十日から帰国する間、朝早くから夜遅くまで奮闘してくれた佐藤さんとジョン・スタインバック夫妻には心から敬意と感謝を申し上げます。

くどい報告になりましたが、できるだけアメリカの活動家達の行動や、通訳をしてくれた日本の人達の活動に触れたかったので、長くなりました。ご了承ください。

＊参考資料

一　ジョー・ベッカーさんからの招待状

北海道被団協内

安井　晃一　様

スミソニアン航空宇宙博物館のエノラ・ゲイ展開始の為にワシントンＤＣに来ていただけるとお聞きし、大変うれしく思っています。この一年間、展示をめぐる論争が続いていますが、開始日には内外のメディアから大きな注目を集めることと思います。アメリカの平和運動家はこの機会にぜひ原爆投下をたたえる勢力に抗議し、全面的（核）軍縮を求めたいと思っています。

六月二十七日火曜日の十一時から記者会見が行われますが、それにご参加くださいますようご招待します。スミソニアンの公式記者発表がすぐあとに行われることもあり、相当数の記者の出席を見込んでいます。

その場で五分ほどで発言していただきたく思います。広島・長崎の被爆者のエノラ・ゲイ展にたいする視点から、安井様のほかに、エノラ・ゲイの副操縦士で原爆投下を公開しているエルスワース・キャリングトン氏、新しく出された「アメリカの中の広島：五十年間の拒絶」の共著者、グレック・ミッチエル氏、など、平和団体の代表者数名が同席致します。私自身は二十の全国規模の平和団体によって出された展示への抗議声明を発表することになっています。

四、一九九九年八月、被爆実相普及アメリカツアー参加報告

一　**日程**　八月二日（月）～八月十一日（水）

二　**企画**　ルイーズ・フランクリン・ラミレスさん、ジョン・スタインバックさん夫妻（ワシントン・ヒロシマ／ナガサキ平和委員会）

三　**協力**（ボランティア通訳）、アメリカン大学・ヒロシマ／ナガサキ平和協会

四　**活動報告**

＊八月二日（月）　十二時三十分（成田四十分遅れ出発）ワシントン・ダレス国際空港に到着。空港には既に顔なじみのルイーズ、ジョンさん夫妻や、デニス・ネルソンさん、又これからお世話になる宿泊先のニール・フロミングさん、通訳の平和協会団長の西村公一君等学生さん数

名の方々、そして私と同じコースを遊説する先着の田邊さん達が、大きく手を振って出迎えてくれた。ニューイングランドコースの仁木・近藤さんの両氏は、直ちにボストン空港へ通訳の

ニール氏のいるアパート

西村君と供に出発し、ニュージャージーコース（四日列車で移動）の米田・田丸さんと私達四人は、通訳の長坂さん、服部さんと共にニールさん宅に向った。

ニールさん宅は、三階建てレンガ造り三十棟もあるアパート団地の一つで、正面は芝生作りに花木が配置され、美しく又静寂そのもの。以前大学で日本文化を教えていたそうで、室内の置物は殆ど日本の物だった。台所には、米・味噌・豆腐・油揚げ等々日本食用品が用意され、寝床も既に用意されていた。通訳の長坂さんと、行事・日程・担当の通訳などについて、綿密な打ち合わせをした。夕食は、米田さんが作ってくれ、何の不安も無く九：三〇ころ就寝。

＊**八月三日（火）**　ニールさんが今日は会社はノー出勤と言うことで、四人で彼の車に乗ってＤＣの中心街や国

立の各メモリアル、などを見ながら、スーパーで食品などを仕入れた。ＰＭ二：〇〇、学校でピーアール用の被爆者とのインタビュービデオ撮影の為、服部さん、熊田君、新宅さんが来訪。私達四人の被爆実相と様々な質問など一人一時間もの収録。ＰＭ七：〇〇、七人で米田さんが腕をふるって作ってくれた「スキヤキ」で楽しく食事歓談、学生諸氏の熱意に感嘆した。ＰＭ一〇：〇〇過ぎ就寝。

＊八月四日（水）　ＡＭ一〇：〇〇田丸、米田さんは迎えの車でニュージャージー移動の為駅に出発。今日はパネル・ディスカッション＝記者会見が設定されており、ＡＭ一一：一五依田さん、長坂さんが迎えに来た。会場のナショナル・プレスクラブでは既に段取りが出来ていたのだが、記者達の集まりは、別に何かあったのか予期していたより少なかった。ＰＭ一：〇〇、キティー・タッカーさん（ヘルス＆エネルギーインスティキュート）の司会で発言者の紹介とこの催しの趣旨が話され、発言は田辺、安井、デニス・ネルソン、（ユタ州の風下被爆者）、グエンドン・プレア（癌研究所センター）、シーバード（アトミックのベテラン）、ユージン・キャロル（元海兵隊）の六人。トム・スミスさんは病気入院で欠席された。六人の発言に対して四人程から質問があったが、英語での質疑応答なので内容は解らなかった。私達への質問は核廃絶の展望についてだった。日本のマスコミでは日経、毎日、北海道新聞等各社が出席していた。二時間程で終了したが、終了後も何人かが発言者と話している状況からみて、少人数で

あった（約二十人）がそれなりの成果があったと感じられた。ジョン夫妻、デニス、通訳と私達で軽食を取りながら懇談し、帰宅した。

ナショナル・プレスクラブで記者団との交流

＊八月五日（木） ニール氏が都合よいとのことで、食料の買い出しの為に出かけた。昼食を寿司にしようと言うことで店に入ったが、経営者は韓国の人で、日本語は通用しなかった。生ちらしを食べたが、日本とは少し違っていた。蛸があったので、ニール氏にアメリカでは蛸を食べるのかと聴いたが、寿司以外では食べない事と烏賊については、フライ以外では食べない事も解った。みそ汁だけが先に出されたが、洋食のスープと言う意味らしい。食後すぐ近くの日本食の食材専門店に寄った。さすがに日本食用のものは、ラーメン、コンニャクなど殆どの物があり、日本酒の種類が多いのにもびっくりした。たっぷり仕入れてＰＭ一：〇〇に帰宅した。日程表に学生の水上君が学習の為訪問となっていたのをうっか

りし、玄関前に一時間近く待たせてしまった。核兵器問題や日本の現況などを話した。

PM六：〇〇から首都圏広島祈念集会が、リンカーン・メモリアル・レフレシング・プール前の広場で行われる為、五時頃、須子さん、長坂さんが迎えに来た。地下鉄で行けるのだが、降りて少し歩かなければならないので、私達の体を心配しタクシーで出かけてくれた。間近で見るリンカーン・メモリアルはさすがに素晴らしい建築だった。写真を撮っていると、市原さんやジョン・デニス氏達が拡声装置などを用意して到着、早速準備にかかった。この集会には、ボストンからワシントンまで、リヤカーに乗せた、全戦争犠牲者の為の慰霊の石碑をウエリントン墓地に建てるストーン・ウォーカー（戦争犠牲者慰霊のデモストレーション）の人達が三十五日間かかっての徒歩行動隊が到着し、明日の式典を前に私達の集会にも参加する事になっていた。

集会はキティ・タッカーさんの司会で開始された。八月六日八時十五分に合わせ、鶴の下に吊り下げられた釣り鐘が振られ、一分間の黙祷。ジョン氏がこの集会の目的と意義について話し、続いて私達の訴えや何人かの発言がなされている時に、ストーン・ウオーカーの行動隊が到着。さすがに歩き疲れた様子で、一斉に拍手がわき起こった。車椅子に乗ったルイーズさんによって、行動隊の数人の足を一人ずつ洗う儀式が行われる度に、拍手が起こり、集会参加者は、いつの間にか観光者を含め二百人以上になっていた。二〜三社の報道関係者も取材していた。行動隊の参加者代表から数人の発言が続き、夕暮れは深まっていった。集会が終了し、後片付けのあと、少し離れた所の池に向った。

ストーンウォーカーの到着

既に十数人の人々が、灯籠流しの用意を整えていた。それぞれが灯籠に火をともし、すっかり暗くなった水面に、それぞれ灯籠を流し祈りの言葉が誰彼となく、おごそかに続けられた。灯籠は引き寄せ片付けられ、ＰＭ九：〇〇過ぎ今日の祈念集会は全て終了した。感動深い中身で満足した集会だった。帰途のタクシーがなかなか拾えず、長坂さんはあちこちとタクシー拾いに走り回り汗だくだった。十時過ぎ帰宅、長坂さんに、夕食を一緒にと誘ったが、地下鉄の終電が近づいていると言って帰られたが、心から彼女への感謝の気持でいっぱいだった。又、一人の歳老いた女性が近づいて来て、毎月僅か五ドルだがあなた達に贈りたいがどのようにしたら良いのかと尋ねられた。後日ご返事をしますと言って厚く礼を述べておいた。心が熱くなった。

＊八月六日（金）　今日はＡＭ九：三〇よりウエリントン墓地前でストーン・ウオークによる戦争犠牲者の慰霊石碑建立式典が行われる事になっており、田邊氏が通訳の水上君同行で、出席スピーチする事になっており、迎えの水上君と供に出かけた。私はＡＭ一〇：〇〇よりＷＰＦＷラジオ放送局の一時間生放送に私がインタービューに応ずる事になって、八時三十分に迎えに来たジョン氏の車で放送局に向った。デニス氏と通訳の服部さんは直接放送局に行くことになっていて放送局で落ち合った。

応接室で担当のプロデューサーから発言時間は一人十分で、その後視聴者からの質問や意見等に応える形になる旨の説明などがあった。私は放送用の原稿を用意していなかったので、服部さんに被団協のメッセージの被爆の実相部分を中心に話すので準備の方をお願いした。大丈夫と言う事で放送室に四人が入った。プロデューサーを中心に、彼の前の半円形のデスクには四〜五本のマイクが並び、左から服部さん、私、ジョン氏、デニス氏と並び、マイクのテストを始めた時はいささか緊張した。時間きっぱり放送開始、前にいる担当のアナからジョン氏に質問があり彼は口元に寄せられたマイクに向って話した。続いて被爆者の訴えに入ったが十分と言う時間なので原稿無しで、必死の気持でマイクに向って話した。服部さんは、途中で区切ること無く英訳し、放送してくれた。三人の話が終り、担当のアナから、さあどうぞ質問・意見を受けますと放送すると、すぐ反応があった。「何も知らなかったが、非常に驚いた」「原爆は戦争の防止の為に必要ではないか」「ぜひ被爆者に会って、もっと

WPFW ラジオ放送局の生放送を終えた一同

ボルティモア広島・長崎プログラムの人々

話を聴きたい」などだった。私からは、核兵器で戦争は防止出来なかったこの半世紀のことや国際司法裁判所の勧告意見、世界諸国の国民の考えは、核廃絶が過半数を超えている事を手短に応えた。「会いたい」との返答には今日は昼過ぎ、明日はＡＭ一〇：〇〇頃時間が取れるので放送局に連絡を。向こうの都合がつかないのか、遠方なのか連絡は無かったようだ。

午後の予定もあるのでジョン氏の車で真っ直ぐ帰った。ジョン氏は、昼寝をして午後四時頃迎えに来ると言って帰られた。田邊氏も帰ってきたので、昼食を作って食べながら、互いに報告しあった。三時過ぎ通訳の橋間君が来た。四時にジョン氏が迎えに来て、メリーランド州のボルティモアでの広島・長崎プログラムに参加する事になっていた。四時三十分ジョン氏が見えた。一時間三十〜四十分の行程。ボルティモアに着くと、既に二十人ほどの人々が私達の到着を待っていた。大学らしい建物の門前だったが、椅子が並べられプラカードも立てられていた。プログラムにしたがって、主催者の挨拶のあと被爆者の訴えを聴くと言う組み立てで、早速田邊氏から話をした。ここでは特に発言時間に制限も無かったので、私は先に日本被団協からのメッセージを伝え、私の被爆実相を話した。いずれの人も真剣な面持ちで私達の話を聴いていた。質疑に入ったが、数人から発言があったが、いずれも遠方から私達の願いを聞き届けて来てくれた事への感謝の言葉だった。又、被爆国のにほんの皆さんと国際法違反の原爆を使ったアメリカの市民が、きっちりと手を結んで運動すれば、核兵器を無くすることが出来る。一緒に頑張りましょうとの主催者の誓いの言葉で集会を終えた。少ない人数ではあったが、緊張感と友情の漲った集会だった。

ＰＭ七：三〇にボルティモアを発ち、九時三十分頃帰宅した。

＊八月七日（土）　通訳陣の熊田君、木戸さんがＰＭ一二：〇〇学習の為来訪、広島・長崎における被爆の実相や被爆者運動、日本の現在の状況などを話した。

ＰＭ四：〇〇、アトランティク・ライフ・コミュニティの方々による夕食と学習の会に出席の為ジョン氏が迎えに来てくれた。場所は大きな建物の地下だった。通訳の須子さんと森さんは既に来ていた。三十人程が集まっており、早速夕食会が始まり、パンやライスカリー、サラダ、果物などそれぞれが食器に取り、賑やかな食事が三十分程続いた。田邊氏が持参したスライドの上映準備も出来て、司会者が学習会の始まりを告げ、それぞれ見やすい場所を選んで会

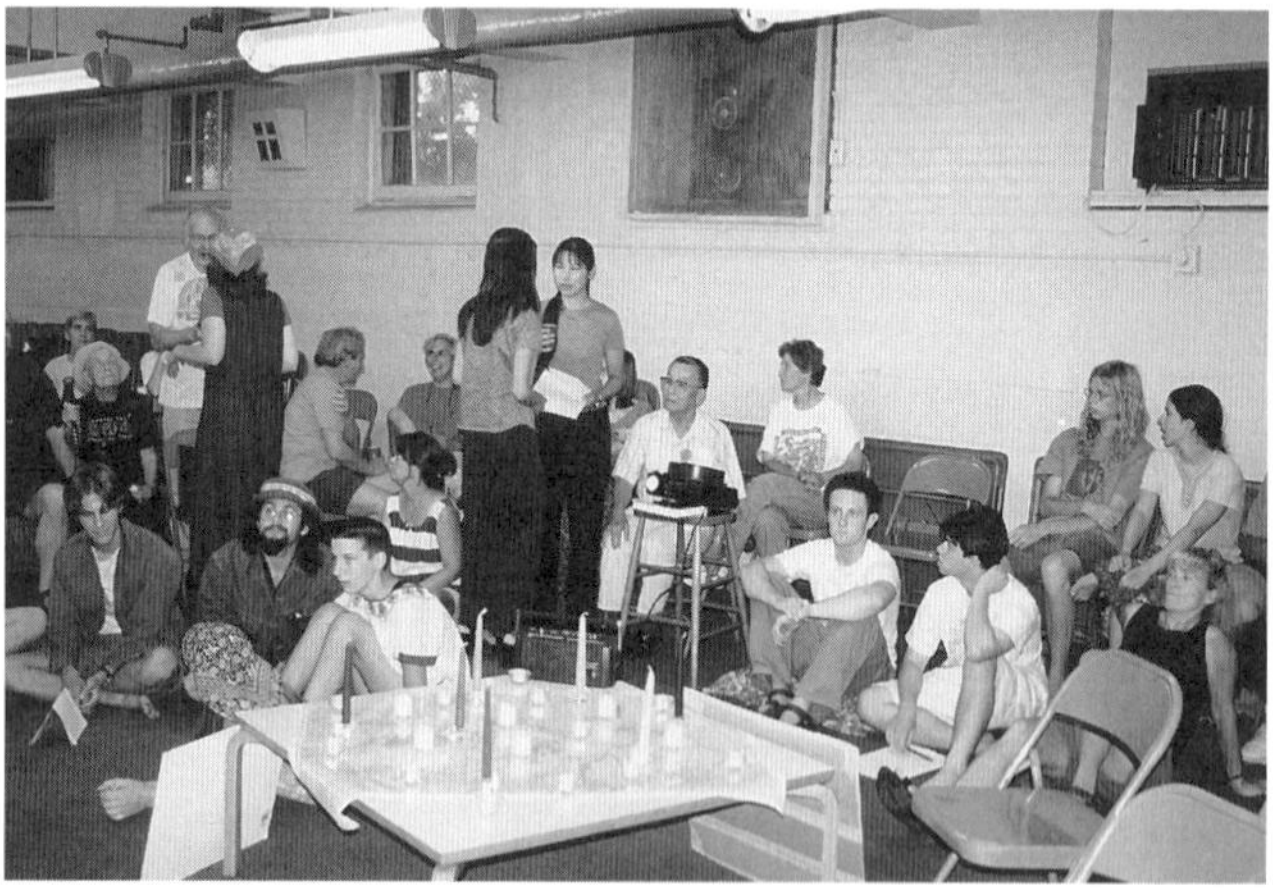

アトランティック・ライフ・コミュニティの方々。これから訴えが始まる

場はすっかり雰囲気が変わった。

　田邊氏のスライドは四十五枚程あり、既に英訳をしてくれていた。彼が一駒ずつ進めるごとに英語で説明され、被爆者の描いた悲惨な状況がつぎつぎ現れる度に皆の目が画面に吸い込まれて行く様子が、ありありと感じ取られた。私は被団協のメッセージを読み上げ、被爆者運動の原点について訴えた。若い人も多かったので、大きい感動を与えることが出来たと思った。ところで、司会者の顔を見た時、確か四年前のスミソニアン展示に抗議運動を粘り強く闘った内のひとりだったように思い、通訳を通じて聴いて見たところ、向こうでも覚えていてくれて、話そうと思っていたと言う事で二人で抱き合い心から喜びあった。八時三十分頃、興奮気味な気持でジョン氏の車で帰宅した。
＊八月八日（日）　今日は、午前マナッサ・チャーチ教会の集まりAM一〇：〇〇と午後ハリスバーグ（バージニア州）の集会参加が日程になっていた。赤旗ワシントン支局の西尾さんが

ハリスバーグを取材するついでと言う事で通訳の山田君と橋間君を同乗させて迎えに来てくれた。プロテスタンの教会で、ミサの始まる前二階の図書室で私達の訴えを聴いて貰った。ここでも皆真剣に聴いてくれた。子供達を中心にして作った真っ赤に塗られたヒロシマのドームの模型も飾られていた。ミサが始まったので、私達もこれに参加した。

十二時にミサが終り、私達は四～五人の活動家と一緒にジョンとルイーズ夫妻の家に向った。ジョンの家は樹木に囲まれ、少し離れた裏には水深が二メートルもある川が流れカヌーなども置かれていて、川岸は小公園になっているようだった。DCとは打って変わった静かな所だった。遠慮なく昼食をごちそうになった。ハリスバーグにはPM六：〇〇を目途に着く予定だった。ルイーズさんの昼寝の間に、西尾さんが山田・橋田君を送りハリスバーグで通訳を担当する橋田さんを乗せてきてくれた。

四時過ぎにジョン氏の家を出発。西尾さんの車と二台の車なので二時間半の行程は楽だった。ラッシュで少し混み七時近くに到着した。集会の会場はアメリカで三番目に大きなサウス・クウエンナ川の岸辺にある平和公園で、たくさんの平和を象徴する石碑が置かれ、素晴らしい場所だった。教会（ユダヤ系）から少し歩くが公園の中心には既に演台や拡声器・灯籠も準備されていた。夕日が川向こうに沈みかけ、柔い夕日で人も草木もカーキ色に映え、今日の集会にふさわしい情景だった。主催者やジョンのスピーチがあり、最初に田邊氏、続いて私が被

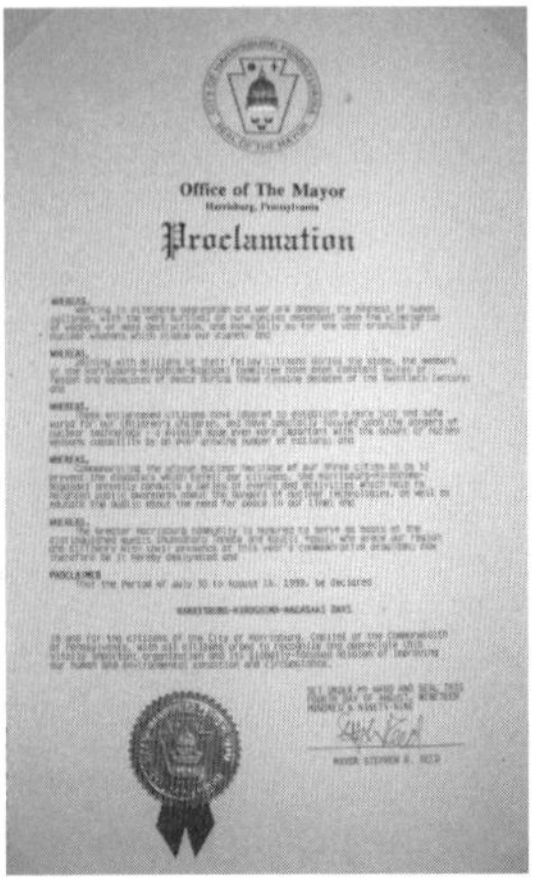

ハリスバーグ市主催の広島・長崎デー参加での感謝状

バージニア州ハリスバーグ平和祭に集まる市民

薄暗くなった中で語る

爆者の訴えを述べた。夕日は沈みあたりはもう薄暗く、私の時は懐中電灯が必要だった。みんな一斉に拍手を送ってくれた。主催者から市長の感謝状が私達に渡された。地元のテレビ局も取材に来ていたが、投映器が無かったので写真と録音をしていた。私達が感謝したのは、人種を超えた様々の人々が平和へのスピーチをした事だった。暗くなった中でバイオリンの独奏もなされ、最後の灯籠流しの為子供達も交えてそれぞれが灯籠を抱えて川辺に降り、石に足を取られそうになりながら、次々と灯籠をながし、九時頃集会を終えた。集会には三十数人が参加していた。

とても清々しい気持だった。ジョン氏から宿泊はモーテル(日本とは違うようだ)なのだが、設備が良く無いかもしれないので、疲れていなかったら帰ったらどうかと聴かれた。田邊氏の同意を得て、帰る事にした。レストランで食事を取り、二台の車だったので楽に座れ、夜中の一時半ころ帰宅した。それにしても長い時間援助して戴いた、西尾氏と橘田さんに感謝したい。

＊八月九日（月）　宿泊せずに帰宅したので、ＰＭ六：〇〇のスチュワート・マットハウスでのレセプションまで時間があいた。デニス・ネルソンご夫妻からどうしても一緒に食事をしたいので時間を取ってほしいとの申し出があったので、丁度良かった。ネルソン氏に連絡したところ、通訳陣の市原さんと一緒に昼近くに迎えに来た。夫人とは初めてお会いしたが、金髪の色白で美しい方だった。着いたのは日本人経営の純日本料理のレストランで建物も日本造りで、びっくりした。ネルソン氏は、分厚い二冊のアルバムを持参していた。来日した時のもので、このアルバムで北海道、東京、広島などで自分の感じた日本について様々な話題が沸いた。奥さんは、「いつもアルバムを開いて様々な日本の事を話すんです」と言って、アルバムは二人にとって得がたいものになっているようで、奥さんは、こんど私が来日したいと思っていると話していた。三時ころニール宅まで送ってくれた。

ＰＭ六：〇〇ころスチュワート・マットハウスに出向く為、水上、山田君が迎えに来た。地

ネルソン氏の招待での食事

下鉄で行けるところと言う事で、地下鉄に乗った。近くに議事堂の屋根が美しく見えるところで、すぐ解った。部屋に入ると食事の用意が出来ていた。それぞれが食器に取って、中庭にあるテーブルに付いて食べながら懇談していた。私は山田君と打ち合わせて、発言時間を考え、被団協のメッセージについて、始めと最後を日本語にし、全文を伝える方法で確認し、引き続き私の実相を話す事にした。食事後司会者の発言に続いて、私の発言、田邊氏の発言と続き、暗くなったので全員部屋に入ってスライドの映写に写った。通訳陣の長坂さん、市原さんも来てくれた。二十数人の集会だったが参加者の真剣な表情から、実相の訴えやスライドの映写を通じて、核兵器は人類と共存出来ないと言う実感を深める事が出来たと思う。ジョン氏の車で九時頃帰宅したが、田丸氏と米田さんがニュージャージーから帰ってきていた。

＊八月十日（火）　今日は、午前、午後に別れて通訳陣の橘田さん、山田君が学習に来る事になっていたが、前日山田君や長坂さんに、明日午後一時ころから皆さんとお別れ会をしたい。

お別れパーティー

人数の関係もありレストランでは十分話も出来ないのでニールさん宅で、「すき焼き」を中心にしての懇談ではどうかと話したところ、最後の日なのでゆっくりされてはと言ってくれたのだが、ぜひ皆に会いたい旨を訴え、承諾して貰った。全員に通知する事にしてくれた。田丸氏と米田さんにも賛成していただいて十時開店をめがけニール氏の案内で大きなスーパーと日本食店へ買い物に出かけた長坂さん達が、準備の為十二時ころ来てくれる事になっていた。

米田さんを中心に長坂さん達が調理に、ニール氏を中心に食卓づくり、賑やかな準備が始まった。通訳陣は、どうしても都合がつかないと言う事で、橘田・長坂・依田・橋間・山田・木戸・市原さん達七人、ジョン夫妻、デニス氏と私達四人の総勢十四人。途中飛び

帰国の為のダレス空港で写す

入りでアメリカ・ボランティア・グループのモットー氏も入り、なごやかで身の入った懇談は、米田さんの「すき焼き」が大きく貢献していた。一息ついて、田邊氏の持参した昨年の世界大会のビデオの映写は、大きな学習になった。名残りつきないパーティーだったが、五時頃乾杯して終了した。西尾氏がこれなかったのが、残念だった。

＊八月十一日（水）　田邊氏がＡＭ九：三〇の飛行機と言う事で、長坂さん達が迎えに来て八時にニール氏宅を後にした。私達三人はニール氏の車で十一時に長い間自由に使わせて戴いた家を何回も振り返りながら、後髪を引かれるような思いで出発した。ダレス空港行きの専用道路はすいていて三十分で空港に着いた。ニューイングランドコースの仁木氏と近藤氏も到着していた。帰郷手続きを終え、出発ロビーで見送りに来てくれた橘田さん、長坂さん、依田さん、代表の西村君の四人の通訳陣とジョン氏夫妻とで十三時出発まで、名残りおしく語り

合った。搭乗が始まり握手した通訳陣の目から涙がこぼれ、この姿に接して、十日間のワシントン滞在の様々なシーンが、座席に腰を降ろした私の頭の中をぐるぐると駆け巡った。

＊　ワシントンDCでの、アメリカン大学・ヒロシマ／ナガサキ平和協会（クラブ）の通訳陣が活躍してくれた人数は、十四人（のべ数は十九人）で、私達の空き時間を利用しての学習活動をみると、これからも被爆者と一緒に被爆の実相を広めようとの熱意が漲っていた。皆が同時通訳をマスター出来る為には今少しの経験が必要と思われるが、クラブ員から核兵器廃絶の為にも敗戦からの五十四年に亘る運動の歴史と遠くの国から見た日本の今日の現実を学ぶ必要があるとの感想が述べられた。その為に定期的に学習会を開く事を皆で検討するとも言っていた。

この事が全体の意見として実現された時には、被団協としても学習の為の資料を送る事が大切と感じた。

又、ジョン氏夫妻のなみなみならぬ活動に心から感謝すると共に、健康を祈る。

振り返って見ると、一九八七年春、日本原水協の依頼に応じ、スウェーデンでの被爆の実相普及と核兵器廃絶の訴えを、首都ストックホルムを始め、主要九都市を回っての十二日間の遊説、翌一九八八年ＳＳＤⅢでの諸活動、一九九五年、スミソニアン博物館に於ける原爆投下機エノラゲイの展示に対する反対と抗議の活動、加えて一九九九年八月首都ワシントンと、近郊のメリーランド州、バージニア州での被爆の実相・核兵器廃絶の重要性を訴えた、これら四回の海外遊説では、一定の成果を得ることができたと自負しているが、こう言えるのは、まさしく数多くの方々の支援や心のこもった手助けによって得られたものであり、この心に応えるには今後もこうした活動を続けることが私達被爆者の務めであると、固く心に誓った次第である。

私的なことであるが、こうした活動に対して、ひとことの不満も口にせず、後押しをしてくれた妻や子に心から感謝を述べたい。

第七部　原爆症認定訴訟のたたかい

はじめに

私が原爆に関する訴訟について、深い感銘を受けたのは、松井康治弁護士の図書『原爆裁判』であった。この書物の中で、判決は「アメリカの原爆投下行為は、国際法規に違反するもので、アメリカはこの行為によって発するすべての責務を負う」と明記している。続いて、「判決の中で今日に至る政府による被爆者への救済は皆無に等しく、極めて嘆かわしい実態である」としていることである。この判決は、結果的には一九六三年原告の敗訴に終ったが、被・原告双方とも控訴せず、「判決は確定している」ことを忘れてはならない。

この判決を契機に、原爆訴訟に関する理論的、実証的問題の研究が進められ、今日の原爆訴訟に生かされて来ているのである。この訴訟での輝かしい成果と反省面を精査し、国の無為無策を正すべく、被爆者の自発的・積極的な原爆症認定要求と、これを支える国民的運動との二つを基盤とした法廷での闘いを展開することが、被爆者の人権の回復と同時に再び被爆者をつくらせない為の核廃絶の人類的課題に対し、積極的に貢献することが出来るのであり、『原爆裁判』の教訓から政府に対して、原爆の悲惨な状況はもとより、これを乗り越えて生き残った被爆者の今日に至る、心身に受けた被害の実態を明らかにすることが不可欠であると確信して、諸先輩は「原爆症認定訴訟」に立ち上がったのである。

その第一が、一九八六年の京都原爆訴訟、第二が一九八八年の長崎原爆訴訟、第三が一九九九年六月の東京原爆訴訟、第四が、一九九九年九月の北海道原爆訴訟である。これら京都・長崎・東京における訴訟で確定した判決は、京都訴訟地裁での白血球減少症、長崎訴訟では最高裁で、爆風がもたらした「右半身不随麻痺」＝後障害を認定し、東京地裁での肝機能障害（C型肝炎）であった。これらの成果は画期的なものと高く評価されるものであった。又同時に、今後の検討すべき課題として、五〜十二年間に及ぶ公判に於ける関係者の労苦の軽減、効率的立証などの創意工夫の必要性が討議され、今日の『原爆症認定集団訴訟』に引き継がれて、開始されたのである。

一、いよいよ開始された北海道原爆安井訴訟

三人の先輩が、被爆の実相を中心に、心身の全力を尽くした法廷で、たたかいとった見事な

2000 年 2 月 21 日　第 2 回公判時、傍聴にかけつけた支援者

快挙は、前述のとおり原爆症認定を求める訴訟に、明確な道理が存在することを証明した。

私が訴訟に立ち上がったのは、先輩達が切り開いた道を引き継ぐことの重要性をひしひしと感じたことだった。そして今一つは、全国民の支援を求めての国民署名運動で、「被爆者が癌になったら、原爆症と認めてください」と言うものであった。被爆者の癌発生率は非被爆者より優位の傾向が明らかになってきた現状を捉えたもので、全国での支援団体や被爆者の組織で大きな盛り上がりを見せていた。おりしも私の前立腺癌が発見された。この運動推進母体の日本被団協の代表理事を務めていた私が、即刻認定申請をすることは当然のことであり、一九九六年十一月認定を求めて申請した。申請に対し国は一九九七年四月却下、直ちに異議申し立てするも、これまた却下、直ちに不服申し立てをしたが一九九九年七月棄却。これ以上の行政手続は無く、これまでに要した年月は二年九カ月、やむなく一九九九年十月一日、司法の判断での勝訴を信じて、札幌地裁に提訴。以上が私の提訴への決意と経過である。

さて、第一回の公判に於いて、被告・国側の準備書面は原告の訴状に対する認否の反論であった。被告・国側はＤＳ八六を基本にしたもので、その主たる主張は、前立腺癌の発症は①被爆時年齢は五十歳以上。②被爆時に受けた放射線量は、一五〇ラド以上でなければ発症に至らない。③原告の被爆線量は、多く見積もっても、一五ラドであり、「起因性は皆無に等しい」と言うものであった。この主張は、単にＤＳ八六による推定線量に基づくもので、それ以外の科学的知見らしきものも無く、論理的に説得させうるものではなく、法廷に於けるたたかいの視点は、前立腺癌の正体と発症に至るメカニズムの解明と原告の疾病との関係を解明することが、たたかいの展望を見出す鍵であると確信したのである。

手術を受けた院所では、癌の発症は多少増加の傾向にあるが、原因としては、欧米食の普及等にあると思われるとのことでその機序は漠然としたものであった。従ってその機序の調査は不可欠と考え、私の調査活動が始まった。

札幌市の中央図書館では、これらに該当する書物は見当たらず、北大の図書館に出向いた。ここでも見当たらないので、訊ねてみたところ、医学部専用の図書室へ行って見たらと教えら

2000年10月　安井原爆訴訟1周年のつどい

れ、こんどこそとの思いで、小躍りしながらおもむいた。

図書室で閲覧の可否を聞くと、身分証明書の提示を求められた。所持していた証明書を見て閲覧は許可された。図書室は、一階が医学雑誌、地下一～二階が医学専門図書で、とりあえず、地下二階に下りた。此処には各医学会誌、各大学医学部発行の研究・論文が発行年度順にびっしり並べられていた。私は驚きと共に、宝の山の入り口を見つけた思いで感涙した。

こうして私の図書室通いが始まった。ここで得た関係すると思われる資料は、三十三程収集できた。これと思われる論文を読み、該当するものを、許可を得て複写すると言う仕事で、今考えれば、感深い思いである。その中で大きな参考資料となったものを挙げると、①一九七八年第一八回原爆後障害研究会の「放射線照射による実験的前立腺癌の発症」。②一九八八年日本放射線医学会第三十一回大会講演集「ＤＳ八六の未解決問題と不確実要因の検討」。③一九九二年長崎医学会誌六七巻特集号「広島大学原医研学術センターに保存されている被爆者剖検例・前立腺癌の特徴」同じく「広島赤十字原爆病院における重複悪性腫瘍剖検例の検討」。④一九九三年ＮＨＫきょうの健康「癌最新情報、前立腺癌」。一九九七年日病会誌第八十六巻「人前立腺癌の発症と進展、三重大学医学部矢谷隆一」。一九九八年市民公開講座、広島県立病院中原　満氏の講演の中で「広島、長崎両県に於ける前立腺癌の発症は、他府県より高率である。」との発言記録をもとに（高率の原因について中原先生に電話で問い合わせたところ、高率と被爆の関係は否定できないと思うが、私は被爆関係の専門研究者で無いので断言できない。とのコメントを貰った）。二〇〇一年生活習慣予防研究会編、「癌のしおり」等が私を大きく励ましてくれた。これらの資料で、前立腺癌の発症の機序が明確になり、臨床までの期間や低線量で発症する等得がたい知識の取得は貴重な収穫だった。又、原告準備書面でも他の資料と共に活用された。

私が北大図書室等で入手した資料はその一部で、この外には、高崎弁護士の力を借り、一緒に、広島・京都に在住する被爆者に関する研究を専門としている大学の教授の方々や、医療関係の方々を訪問し、参考となる貴重な意見を得ることが出来た。又、松崎医師をはじめ、米国に於ける反核・平和運動を進めている諸団体、更にはニューヨークやワシントンに駐在しているマスコミの方々の助力も得て、米国退職軍人局の調査により、広島・長崎に進駐した米国軍人の受けた残留放射線被曝の実態や、ネバタ砂漠での核実験に参加した軍人の被曝した実態が明らかにされ、退職軍人局は、電離放射線曝露による危険な業務に参加した者に対し、前立腺癌をはじめ、「すべての癌の発症者を被害者として認める」とする裁定を下した。この公式文書の入手は貴重なものであった。更には、クリントン大統領が、米国エネルギー省に指示し、核兵器製造工場で雇用した労働者に対する被曝状況調査では、六十万人の、五十年間に亘る健康状況調査で、二十二種類の癌の発症が有意に増加している事が判明した。エネルギー省はこうした実態に基き、発症者救済の措置を決定している。

こうした様々な、公式情報は原爆による直接被害はもとより、二次被爆の、しかも低線量曝露でも発症者が有意に増加している事が明確になり、それらに対する救済の重要性が認識されているにも係わらず、被告・国側は、依然としてＤＳ八六を金科玉条として、排他的被爆者行政を強行していたのである。

二、公判の進行状況と「原爆症認定集団訴訟」への発展

公判に於いて明らかにする原告の主張の原点は、原告本人の被爆の実相を明らかにする事から始められなければならないと確信し、まずは、原爆投下直前の状況、投下当日の被爆状況、被爆直後から翌日以降を含めての原告の負傷・疾病の実態等、原告の直爆及び身体の内外に受けた放射線被曝の全貌、加えて原告の疾病に関して、今日までに罹患した病歴、原告の前立腺癌と被爆（曝）との因果関係、原告の発病から治療に至る経過、原告に対するDS八六の推定線量当てはめの不合理性、原告の場合の起因性の有無、現在に於ける要医療性、などについての、弁護団の総力を挙げての弁論を開始した。以下原告、被告双方の提出書類の数のみを提示する。準備書面（意見書を除く）原告（甲）は、一～十八号、被告（乙）は、一～六号、書証に至っては、甲の提出一号～一四二号、乙は一号～三十四号、原告の弁論数及び関係者に至っては、被爆関係専門家十二名、医学関係者二十四名、その他関係図書等多数に（前掲の米国機関の公式文書を含む）象徴されるように、原告の弁論は、厖大で（詳細は省略せざるを得ない程）法廷での圧倒的証拠による主張は、閉廷後の弁護団の説明で満席の傍聴者も勝訴を確信する事ができた。

公判は、証人尋問まで進行し、最初の国側の尋問では、弁護団の細部に亘る鋭い質問に、前

立腺癌発症の優位性はいま少しのところ迄に来ている。と苦し紛れの答弁に終始している様子は傍聴者にもはっきり解り、原告の優位は確信できた。公判はこの後、被告国側の反対尋問を行いその後二〜三回で結審と予想されていたところ、裁判官の転任がわかり、結審まであと少しのところで、新旧両裁判官にまたがる審理を新任裁判官の下で行われる方が望ましい、として時間的には長くなる事は有るが、同時に今までの公判における審議を生かす事の利点をも考慮し、四月七日提訴の「原爆症認定集団訴訟」に併合させたのである。

三、原爆症認定集団訴訟の意義と運動の経過概要

原爆症認定集団訴訟は、長崎松谷訴訟（三審いずれも勝訴）、京都小西訴訟（一、二審勝訴）ともに長年に亘って争い、いずれも勝訴が確定しているにも係わらず、国の認定審査はこれらを考慮することも無く、逆に「原因確立」と言うDS八六を基調とした、まやかしの認定審査基準（この基準を当てはめると、勝訴の松谷、小西両氏とも認定非該当者となる）を押し付けると言う暴挙に終始し、依然として不当な脚下処分を続けた。こうした暴挙を分析すると、長年の弁論の成果としての勝訴も、個別での争いでは頑なに抵抗する認定行政の改善に直結させるには困難性があり、集団による一括解決を直接国に要求する運動を絶対的要件として欠かす

事は出来ない重点課題として集団訴訟を位置づけた。

この方針に基づき、各政党、国会議員、科学者、医師団、への要請活動、国民への語り部活動の一層の強化と国民署名運動の展開などを日本被団協、全国弁護団連絡会、全国原告団、全国支援ネット（各地の支援連絡会）等で確認し行動化した。

こうした運動の展開は、集団提訴の各地の公判にも反映された。

二〇〇六年五月十二日大阪地裁（九名）全員勝訴。八月四日広島地裁（四十一名）全員勝訴
二〇〇七年一月三十一日名古屋地裁（四名中二名）の勝訴。三月二十日仙台地裁（二名）全員勝訴。三月二十二日東京地裁（三十名中二十一名）の勝訴。七月三十日熊本地裁（二十一名中十九名）勝訴。

二〇〇八年五月二十八日仙台高裁（二名）全員勝訴。五月三十日大阪高裁（九名）全員勝訴。六月二十三日長崎地裁（二十七名中二十名）勝訴。七月十八日大阪地裁二次（十一名中十名）勝訴。九月二十二日札幌地裁（七名）全員勝訴。十月十四日千葉地裁全員勝訴。

二〇〇九年一月二十三日鹿児島地裁八名全員勝訴。三月十二日千葉訴訟東京高裁原告全員勝訴。三月十八日広島二次訴訟三名初めて国家賠償責任を認める。三月二十七日高知地裁勝訴。五月二十八日東京高裁二十九名勝訴。この間の判決に於いて、認定の非該当疾病が認定疾病とされたものは、甲状腺低下症、白血球減少症、慢性肝炎、肝硬変、体内異物摘出後障害、膝変

形関節症、狭心症、肝癌、血小板減少症、高血圧症、B・C型肝炎、など多義に亘っている。

この様な訴訟の連敗と、認定相当疾患の多様さや国民や国会議員、政党の批判に抗しきれず、国は審査方針の見直しを言明、二〇〇八年四月実施の「新しい審査の方針」を発表した。しかし、審査基準（詳細は省略）では依然として被爆の実相や、司法の判断との乖離を埋められるものには成っていない。原告団は即刻交渉を迫り、政府官房長官との直接交渉が実現、その中で長官から二〇〇九年五月二十八日の東京高裁判決をタイムリミットとして全員一括解決の方途を考えると言明、原爆記念日の二〇〇九年八月六日広島で国と日本被団協との間で、一括解決の為の確認書（詳細は省略）の取り交わしが実現した。まさに画期的な成果を収める事が出来たのである。

四、北海道でのたたかい

原告団結成まで

一九九九年十月提訴の北海道原爆安井訴訟の開始以来、多数の被爆者の認定申請は極めて重要な事で、被爆者協会は、毎年実施している疾病実態調査に基づき、申請可能な会員や被爆者相談会に参加の会員に対し、認定申請を呼びかけた。こうした取り組みで、申請運動に参加し

2007年10月　北海道原爆訴訟報告集会

た二十二名の被爆者に申請書と、記入についての説明を送付したが、直接会っての説明で無かった事、協会執行部の集団訴訟に対する意義や運動の重要性についての学習不足で、全員が一致しての対応が出来ず、大げさに言えば、私一人の孤軍奮闘で、多忙も重なり、書類作成等に時間を要し、参加者に不安の気持を抱かせたと思う。来札出来なかった方に申し訳なかったと、反省しているところである。しかし、この取り組みの中で、認定された者は三名、書類不備で再提出を求められた者三名、提出しなかった者五名（書類は完成し、私に送付する段階で不意に提出中止）、第一次申請者十四名、第二次三名が提出した。この中で一名が認定されたが、十六名は却下と言う結果に終った。第二段階の異議申し立てについて、再度原爆症認定訴訟の意義、目的を学習しながら、書類作成の段取りに取り掛かる中で私の決意を理解し、最後まで頑張る固い決意のもとで九名（第一部七名、第二部二名）の異議申し立ては却下、不服申し立ても棄却、一同は団結して勝訴までたたかい抜く事を誓いあった。提訴は次の通りである。

二〇〇三年四月十七日、安井晃一、館村　民、柳谷貞一の三名、七月二日加藤政子が提訴。二〇〇四年十二月十六日佐賀晋二、藤井節子、金子広子、の四名（計七名）二〇〇四年三月六日浜田元治、六月九日星野禮子（被爆地長崎と広島の違いで併合審理に時間が掛かり第二部となる）、こうして九名の原告団が結成されたのである。

特筆すべきことは、第一部、第二部共に、第一回公判に於ける意見陳述は堂々たるもので、私は感涙を禁じ得なかった。今一つ付言しなければならないのは、一九九九年十月、私が提訴した翌月、安井原爆訴訟支援連絡会の設立であった。被爆者協会、北海道原水協等の呼びかけに対して、加入したのは、団体五十四、個人四百八十四名に達し、弁護団、原告に対しての事務・印刷費などの援助、街頭宣伝、署名活動は、原告をはじめ弁護団への強力な支えとなり、訴訟に対する影響は大きいものがあった。安井原爆訴訟支援連絡会は、集団訴訟開始とともに、名称を北海道原爆訴訟支援連絡会に変更、事業内容も拡大され、全国的にも模範的影響を与えていることである。

この様な弁護団、原告、支援組織の連携した、たたかいの成果は二〇〇八年九月二十二日の札幌地裁判決で、今までに無かった、高血圧症、B型・C型肝炎、甲状腺機能低下症が認めら

6～11年間必死の思いで勝訴を勝ちとった原告

れ、まさに画期的な判決を勝ち得たのである。

こうした大きな成果を得たが、手放しで喜び合う事は出来なかった。その一つは、判決では、広島第二次訴訟に於いて、国家賠償責任を認めた判決が出されており、本件での却下は不当と言わざるを得ない。その二は、裁判費用の折半。第三は、安井、館村に対しての結審後、判決日の数日前に、突然為された国の原爆症認定処分取り消しにより、原告の訴えの利益が消滅した。よって訴状を却下するとした判決は不当の誹りを受けることは当然である。こうした経緯により、札幌高裁に控訴したのである。七月十日、第一回公判が開かれ、高崎弁護士による理路整然とした意見陳述に続き、（この公判日を待たずに死去し、父の意志を継いだ柳谷洋子氏ら）原告六名は、傍聴者をも感動させた意見陳述を行った。

これにひきかえ国の陳述は、失笑を買うもので、裁判官にも反映されたのか、高齢の被爆者へ配慮し、次回公判日を七月三十日とした。進行協議の中で、この日で結審とすることをほのめかし、双方に対し提出書面は二十日を厳守するよう言い渡された。

勝訴の過程に入り、最後のたたかいをと、決意を新たにしたところに、前述した集団訴訟の早期一括解決にむけた日本被団協と国との確認書の取り交しが成立。その中で、双方は全ての控訴を取り下げるとの確認があり、断腸の思いで、取り下げざるを得なかった。何の為の十一年間だったのか、私は涙の中で回想しながら、全被爆者が認定される、国家補償の被爆者援護法の成立と反核・平和の為に戦う決意を新たにしたところである。

尚、北海道でのたたかいに於ける公判の貴重な記録については、支援連絡会が纏めており、それを参照されたい。

原爆症認定訴訟開始後第一回目に提出した意見書

平成十一年（行ウ）第十九号
原子爆弾被爆者医療認定申請却下処分取消請求事件

一九九九年十一月二十九日

札幌地方裁判所民事第一部合議係　御中

意　見　書

原告　安井晃一
被告　厚生大臣

右原告訴訟代理人
弁護士　高崎　暢
他二十七名

一、はじめに

私達は、「政府の行為によって再び戦争の惨禍が起ることのないようにすることを決意し」（憲法前文）て、平和憲法を制定し、等しく、平和のうちに生存し、健康で文化的に生きる権利を保障した。

又、「安らかに眠って下さい　過ちは繰返しませぬから」と、原爆碑に誓ってから五十四年が経過した。

私達は、「広島及び長崎における原爆の投下は空前のものであり、絶後のものでなければならない」（京都地裁判決）と改めて決意し、速やかな被爆者の救済を求めて本件訴訟を提起した。

私達は、本件訴訟の始まりにあたり、以下の四点を訴える。

二、原爆の被害の実態

一九四五年八月六日午前八時十五分広島に、八月九日午前十一時二分長崎に、原子爆弾が人類史上初めて投下された。原子爆弾は、地表から五～六百メートルの空中で炸裂し、放射線とともに、爆風、熱線などの強力な破壊力で、身ごもれる女性、乳房をふくむ嬰児の区別なく殺害し、町を押しつぶした。二つの都市は一瞬にして地獄と化した。

この原爆投下により死亡したものの数は正確に把握されていないが、一九五〇年までで広島で二十万人、長崎で十万人と推定されている。原子爆弾が放射線大量殺戮兵器と呼ばれる所以である。

生き残った人びとも、熱線や放射線を浴び、後々までの原爆症や後遺症に苦しめられ、そして今なお三十万人の被爆者が存在する。この一年間で約九千人の命が原爆症で奪われた。それが今も日々続いている。

これらの事態は、憲法で保障された、等しく、平和のうちに生存し、健康で文化的に生きる権利とはほど遠いものである。

被爆者達は、自分が目撃し、体験したものをしばしば「地獄」と呼ぶ。それは、目撃や体験をあらわすのに他に適当な言葉が見つからないからである。しかもこの地獄は全生涯にわたって被爆者につきまとい、心身をむしばみ続けるのであった。

本件訴訟の原告も例外ではなかった。原告は、この五十四年間のうち、二十二回にわたり入院を要する程の病気にかかり、肉体的にはボロボロである。それだけでなく、何時襲うとも知れない急性原爆症の不安、死の恐怖など、被爆者特有の不安におびえる日々であった。とりわけ、原告が耐え難かったのは、わが子が生まれる度に被爆の影響が出ていないかと出産の喜び以上に不安な気持が先立つことであり、孫の出産の時にもその不安から解放されることがなかったことである。被爆を一時も忘れられず、精神的安らぎを持つことはなかった。

私達は、本件訴訟に於いて、原子爆弾の被害の実相を具体的に明らかにすることに全力を傾ける決意である。この被害の理解なしには、本件訴訟の正しい解決は図られないと考えるからである。

とりわけ、唯一の被爆国である日本国が、被爆者に対し、そして原爆の人間に対する影響についてどのような認識と態度をもってのぞむのか、そのことが問われているのが本件訴訟であることを強く指摘しておきたい。それは法律の要件を云々する以前の、法の根本にある人間存在の根本にかかわる条理の問題である。

三、被爆者への援護行政

一九四五年八月に原子爆弾が投下されて以来、十二年間、国は被爆者に何らの援護もしてこなかった。この十二年間の間に熱傷や急性白血病で死亡した人は、国内だけで四万三千八百九十九人に及んだ。

その他、原爆の被害者は、「ぶらぶら病」と言われるように、全身虚脱感で仕事に就けない者も多くいた。又、元気そうな者でも、被爆したと言うだけで、結婚、就職などで差別され、その為に生活困難者や未来に期待が持てずに自殺した者も多く出ている。被害は一層拡大された。

一九四五年九月十八日、ＧＨＱは「プレスコード」を発令し、厳重な言論統制を布告した。これ以降、一九五二年四月に占領が終るまで日本の新聞などからは、極少数の例外を除き、原爆に関する報道は姿を消した。

このように、アメリカの占領下で、被爆の事実が隠蔽され、被爆者が放置されてきた。

一九五七年、国は「旧原爆医療法」を制定したが、医療費の負担から解放されたのは認定を受けた被爆者だけであった。その後改善を求める被爆者や国民の声に押されて、国は年々法律を改正してきたが、その対策は今日に至るも「被爆さえしなければ」と言う被爆者の戦後の被害、苦しみを癒やすものにはなっていなかった。

又、国の認定業務に於いても、被爆者手帳を持つ被爆者三十万四千四百五十五人のうち原爆症認定者はわずか二千七十四人に過ぎない。この数は制度が発足して以来大きく変動していない。しかも認定率は九〇%台から三〇%台に年々低下しており、被爆者対策費を一定の枠内に抑えていることが、その背景にあるとしか考えられない。

更に、国の認定基準も明らかではない。その運用もきわめて機械的で、被爆地から数百メートル離れていると言うだけで認定の結論が違うと言うことが度々起こっている。

なお、アメリカ政府は、一九八八年、核実験被害者と広島・長崎への駐留軍人に対する国家補償の法律を制定した。それによれば、原爆投下一カ月後から一年間に入市した者を被爆者としている。入市被爆者を二週間以内で爆心地から二キロ以内に立ち入った者だけに限定する日本の被爆者援護法とは大きくかけ離れている。この点ひとつとっても、現在の日本の援護行政が大きく立ち遅れていることは明らかである。

私達は、立ち遅れているわが国の被爆者援護行政の実態を明らかにし、現行の認定業務を正していかなければならないと考えている。

四、戦争行為の中での原爆投下

人類史上初めての原爆の投下は、わが国が推し進めてきた侵略戦争の中で引き起こされたものである。国際人道上からみても、原爆投下が正当化される余地はないが、その結果もたらされた被爆と言う戦争被害についてのわが国の責任は明白であり重大である。

その責任を負うわが国には、原爆被害の把握と救済措置、原爆被害の実態調査・研究並びに被害回復の為の調査研究、それらの結果を国民及び世界に対し公開報告することについて特別の責任と義務があると言わなければならない。

私達は、この訴訟を通して、わが国の被爆者援護行政のあり方を究明したい。

五、立証問題について

これまで、医療過誤訴訟、公害訴訟、薬害・食品公害訴訟、労災訴訟等々の現代型損害賠償訴訟で、被害者側の立証責任が軽減されてきたように、原爆被害者援護法第十条における、いわゆる「起因性」の立証責任と立証の程度の問題についても、立証責任の軽減が図られるべきである。

①これらの分野に於いては、自然科学の現在の到達段階をもってしても、未だに因果系列のメカニズムが未解明である為、その因果的関連性を示すことができないところがある。②高度の専門的知見によれば、因果関係を説明することができるとしても、被害者側に科学知識や証拠の収集能力が不足している上に、証拠が相手側に偏在している。③むしろ因果系列を明らかにし、被害の発生を防止すべきは相手方であるのに、相手方は被害救済の為に充分なことをしていない。

このような場合に、因果関係の証明が充分にできないことの不利益を被害者に帰せしめるのは、正義・公平に反するからである。

そして何よりも、石田原爆訴訟、松谷第一審、第二審原爆訴訟、京都原爆訴訟の一連の判決では、立証責任の転換ないし軽減をはかり、原爆症認定の門戸が広げられてきている。この流れは、被爆者救済の為に必要であり、正義・公平にかなうものであることを裁判所は認識していただきたい。

六、さいごに

被爆五十四年経った今も、被爆者が強く願っているのは次の二点である。

そのひとつは、「核兵器の廃絶」と言うことである。被爆者が核兵器廃絶を口にするのは、「我々は、核兵器製造の為のモルモットではない。又、戦争終結へのいけにえの羊でもない。

我々は人間であり、人間の尊厳の回復の為闘っているのだ。『再び、被爆者を作らせない為』の礎になる為だ。次世代の若者達に、核兵器の廃絶と真の平和の為に死んだと知って欲しい」と言うことである。

ふたつ目は、「国家補償の援護法が制定されるまで生きる」と言うことである。被爆者の九二％に当たる人がこれを望んでいる。こうした援護法が、心、体、暮らしの不安をなくし、国の責任を明らかにして謝罪させ、死者への償いになるからである。そして、そのことが又、「再び、被爆者を作らせないこと」につながるからである。

裁判所は、最高裁が指摘したように、「特殊な戦争被害について戦争遂行主体であった国自らの責任によりその救済をはかる一面を有するものであり、その点では実質的に国家補償的配慮が制度の根底にある。」との認識に立脚し、速やかに被爆者の救済と被爆者の願いを実現させるべきである。

原告は、満七十五歳と高齢であり、裁判に費やす時間に耐えることができるかとの不安を抱きつつ提訴を決意した。他の被爆者も高齢である。被爆一世が多数生きている間に、裁判所の判断が示されるよう期待している。

札幌高等裁判所への控訴時に提出した意見陳述書

平成二十一年（行コ）第二号
原子爆弾被爆者認定申請却下処分取消等請求控訴事件
一審原告　安井晃一外二名
一審被告　国・厚生労働大臣

意　見　陳　述　書

札幌高等裁判所第二民事部　御中

二〇〇九年九月三〇日
安　井　晃　一

一　はじめに
平成二十年三月二十七日、疾病障害認定審査会発表の「新しい審査の方針」発表に至る経過
全国弁護士連合会、日本被団協は、厚生労働省（以下厚労省と呼称）との協議についてこれま

で六回行われたが、審査の方針の実施時期について、原告全員一括認定を中心に集団訴訟の全面解決に関する協議は不十分であり、審査の方針の実施日の延期と継続協議を強く求めたが、厚労省は実施日を四月一日とする。と強行発表した。

二　原告が命がけで司法に求めたものは何か

原爆症の認定を求めるのは、単に金銭的利益を得ることだけではありません。より大切なことは、核兵器は人類（生物）と共存できない悪魔の兵器である。と言うことをなかなか理解しようとしない国の態度を訴訟での弁論を通じて明らかにし、現行の「原子爆弾被爆者の援護に関する法律」に設けられた前文を、立法・司法・行政が揃って共通の認識として確認し、それぞれの立場で出来ることを自ら創り出すと言う役割をになうことの実現を強く期待しているからです。既にご存知と思いますが、前文の要点をあげますと、㋑広島・長崎に投下された原子爆弾と言う比類のない破壊兵器は、幾多の尊い命を一瞬にして奪ったのみならず、たとえ一命を取り止めた被爆者にも、生涯癒やすことのできない傷跡と後遺症を残し、不安の中での生活をもたらした。㋺原子爆弾の惨禍がくりかえされる事のないよう、恒久の平和を念願するとともに国の責任に於いて、原子爆弾の投下の結果として生じた放射能に起因する健康被害が、他の戦争被害とは異なる特殊の被害であることに鑑み、高齢化の進行している被爆者に対する保健・医療及び福祉にわたる総合的な援護対策を講じ、合わせて国として原子爆弾による死没者の尊い犠牲を銘記する。と明言しているのです。だからこそ申請から十一年間一度は被爆者であることを辞めたいとまで思った苦しみ**（助けを求める手や声を振り切って、己だけが逃げた事が、殺人を犯したと同じだとの思いを断ち切れない心の傷、又次々と死亡していく被爆者についての正しい情報がないとは言え、被爆者イコール伝染病患者と思われ、その為結婚・就職ところによっては学校の入学などで苦しんだ者も少なくなかったのです。）**こうしたことから被爆者であることを隠し続ける為、玄関のポストに挟まれる役所からの葉書を来なくしようと手当支給を返上した者まで居たのです。被爆者は話し合い助け合いながら後ろ向きの思考から前向きな思考に変える努力を重ね、己の経験した被爆の実相を語り始め、国の冷酷な行政を正す為、司法の公正な判断を得たいと頑張っているのです。

三　私達二名に対する突如認定について

①私達の係属する訴訟は第一部七名で構成されており、その最終弁論は一月二十八日に行なわれ、裁判長から判決に至るまでの進行について、五月十九日午前十時に言い渡すと告げられた。十九日に言い渡された内容は、「原告七名の判決日を九月二十二日とする」でした。その時突然被告側から、認定審査会は、安井・舘村両氏の認定申請の疾病は四

月八・二十二日に認定しており、訴えの利益は消滅している。未認定の原告の認定も可能性を主張し、弁論の再開を要求した。裁判長は職権で、これを認めた。その後未認定五名の認定は無く、予定通り九月二十二日判決が言い渡された。

② 判決の内容は、「弁論再開で被告国側主張の訴えの利益が無くなった原告等の提訴を脚下せよ」を、受け入れていた為、十年にわたり必死の思いで弁護団をはじめ、私たちの仕事として支援してくださった多くの方々に励まされて集められた膨大な証拠書類、勝利の確信に溢れた口頭弁論を無視し主文に於いて原告安井晃一及び舘村　民に対し、援護に関する法律第十一条一項に基就く原爆症認定申請却下処分の取消を求める訴えをいずれも脚下する。だけであった。しかし、他の五名への判決は無条件の完全勝訴であった。私の心は、喜びと同時に私達二名の主文に、強烈な怒りと悲しみに包まれたが、私は自分の役割りとして国家補償の援護制定に向けた運動の強化と、核兵器廃絶運動に力の続く限り奮闘を誓う陳述をした。

四　訴訟の終結

百八十頁に記載されている、一括解決の為の確認書の取り交わしの実行協議で双方は、全国での集団訴訟を取り下げ、以後協議により解決することを了承した。これにより、高裁での第二回めの弁論は、九月三十日に開廷され全国一斉に控訴を取り下げ、終結した。
以上は口頭陳述等の重要部分を要約したものである。

あとがき

五年前、私の体調が最悪の状態になり、万一の事を考え、生涯について書き留めておこうと思い、入院を前にして急いで書き出した。今年になって三人の方々から残部の有無について問い合わせがあった。失礼な事と思いながら、理由を尋ねたところ、友人から見せて頂いたところ内容が現在私達の抱えている重要な課題だと思い、じっくり読みたい。と言うことだった。他の二名の方も多少の違いはあったが、ほぼ同様だった。又出版社から再版の勧めもあり、このことが動機で、編集の不十分や、不必要な部分をカットし、読み手に配慮したものに書き換える機会と思い、再出版を決意した。

私の今日までの人格形成や、論理的思考の助けとなった文献の主なものは、次に掲げるもので心から感謝申します。

一九六一年、民主教育を築くもの。新評論。一九六二年、日本の教育。宗像・国分の共著。

一九六三年、科学的社会主義と民主教育。小林栄三。一九六三年、教育と教育政策。宗像誠也。

一九六三年、学校運営と民主的職場作り。宗像誠也。

手記《しゅき》・被爆者《ひばくしゃ》Yの生涯《しょうがい》

2015年7月4日　第1刷発行

著　者 ― 安井《やすい》 晃一《こういち》

発行者 ― 佐藤 聡

発行所 ― 株式会社 郁朋社《いくほうしゃ》

〒101-0061　東京都千代田区三崎町 2-20-4
電　話　03（3234）8923（代表）
ＦＡＸ　03（3234）3948
振　替　00160-5-100328

印刷・製本 ― 株式会社東京文久堂

装　丁 ― 根本 比奈子

落丁、乱丁本はお取り替え致します。

郁朋社ホームページアドレス　http://www.ikuhousha.com
この本に関するご意見・ご感想をメールでお寄せいただく際は、
comment@ikuhousha.com　までお願い致します。

ISBN978-4-87302-600-8 C0095